광화문에

내리는

눈은

김원호 시집

광화문에 내리는 눈은

한나래플러스

광화문에 내리는 눈은

지은이 김원호
펴낸이 한기철
편집인 이리라
편집 노우정
마케팅 조광재

2010년 10월 20일 1판 1쇄 박음
2010년 10월 30일 1판 1쇄 펴냄
2011년 1월 20일 1판 2쇄 펴냄

펴낸곳 한나래출판사
등록 1991. 2. 25. 제22-80호
주소 서울시 서대문구 냉천동 182 냉천빌딩 4층
전화 02) 738-5637 | 팩스 02) 363-5637
전자우편 hannarae91@naver.com
홈페이지 www.hannarae.net

Published by Hannarae Publishing Co.
Printed in Seoul

ISBN: 978-89-5566-109-5 03810

* 이 도서의 국립중앙도서관 출판시도서목록(CIP)은 e-CIP 홈페이지 (http://www.nl.go.kr/ecip)에서 이용하실 수 있습니다. (CIP제어번호: CIP2010003602)

제자들에게

차례

2

3 김원호(金源浩) 시에 대하여

이무기

그 호수엔 이무기가 산다고 했습니다.
비 오는 날이면
시커먼 이무기가 하늘로 올라가려고
번갯불이 닿기를 기다리며
흐린 물이 소용돌이친다는 거였습니다.
어릴 적
어쩌다가 아이들과 호숫가에 가도
이무기가 나올까봐
돌팔매질 한번 쳐 보지 못했습니다.
사촌형 따라 낚시질 가서도
나는 떨어져 메뚜기만 잡으며 혼자서 놀았습니다.
고향을 떠나고 어른이 된 후
그 호수는 먼 전설처럼 내 기억에 남았습니다.
그래도 비 오는 휴일이면
아파트 창을 통해
습관적으로 한강을 바라보곤 했습니다.

삼십 년 만에 국민학교 동창회가 열렸던 날
이무기가 살고 있다는 그 호수 얘기도 나왔습니다.
몇 해 전 몹시 가물었던 해
양수기로 바닥까지 물을 뽑았을 때
깨진 그릇 조각밖에 아무것도 없었답니다.
그날 밤 나는 잠을 이룰 수 없었습니다.
내가 모르는 어느 사이에
하늘로 올라가 버린 이무기를 보지 못한 것이
안타까웠기 때문입니다.

권진규(權鎭圭)의 닭

밤마다
쇠사슬을 끌면서
권진규의 영혼이
펄럭이는 촛불 사이로 걸어왔다
서역의 승려를 닮은
콧날이 날카로운 비구니 상이
그림자를 일렁이며
벽에서 마주 웃고 있었다
그는 검정 고무신짝을 태워
아궁이에 토우(土偶)를 구우며
매캐한 연기 속에 울고 있었다
사람들은 그의 뒤통수를 손가락질하며
욕설을 퍼부었다
권진규는 두 손으로 귀를 막고 입만 벌렸다
아아 그 때
시뻘건 아궁이 속에서

수탉 한 마리가 걸어 나왔다
목매달아 죽은
그의 작업대 한 귀퉁이에
홰를 치며
마악 목청을 뽑으려는 자세로 서 있었다.

성(城)

마음 한 귀퉁이에 쌓아 둔
낡은 성(城)을 허물기로 했습니다
햇빛 하나 들지 않고
먼지만 쌓인
음습한 성이 싫어졌습니다
거미줄 친 방에 쭈그리고 앉아
갖은 몽상에 시달리던
그동안의 세월이 후회되었습니다
내가 마음 속에 그려 본 성은
지붕 꼭대기에 노란 깃발이 날리고
성벽엔 사철 장미 넝쿨이 둘러 있는
그런 작은 성이었습니다
쓸데없는 거친 눈초리를 피하고
나만이 지닌 얘기를 가꾸기 위해
새로운 성을 쌓기로 했습니다
주춧돌 몇 개만 놓은 지금

그 성이 언제 완성될지 모릅니다
뜨거운 볕과 바람 속에서
많은 땀을 흘려야겠지요
하지만
지붕 꼭대기에 노란 깃발이 날리고
아름다운 음악이 흐르는 그날
당신을 꼭 초대하겠습니다.

집

집을 잃어버렸습니다
술에 취하지도, 기억력을 잃은 것도 아닌데
집을 찾을 수 없었습니다
콧노래를 흥얼거리며 드나들던 낯익은 골목을
몇 번씩 뒤져도
우리집은 없어져 버렸습니다
내가 무슨 잘못에 빠졌나
멍하니 서서 생각해 보았지만
정말 이상한 일이었습니다
성냥을 그어 집집마다 문패를 보았지만
내 이름자는 없었습니다
어릴 때 집을 잃고 울던 생각이 났습니다
황혼 무렵 고무신짝을 두 손에 들고
해 지는 쪽으로 무작정 달리던 모습이 떠올랐습니다
낯익은 우리집 천정 무늬며 벽에 걸린 그림들이
내 앞에 다가왔습니다

식탁에 앉아 얘기하고 있는 식구들 얼굴이
하나씩 나타났다 사라졌습니다
내 집을 찾아 달라고 찾아 달라고
목청껏 소리질렀습니다
그러나 사방에서 개 짖는 소리뿐
대문을 열고 내다보는 사람은 아무도 없었습니다.

별

전철을 타고 한강을 지나며
문득
유난히 빛나는 초저녁 별을 보았습니다
저 별에는 이중섭(李仲燮)의 아이들이
천도복숭아를 가지고 놀고 있을 거라는
생각을 하다가
순결하게 살다 죽은 윤동주(尹東柱)의 얼굴이 떠올랐습니다
그러면서 나이답지 않게
무언가 애틋하게 잃어버린 그리움 같은 것들이
왈칵 밀려왔습니다
한 송이 들꽃에도 가슴 저려하고
바람 한 줄기에도 마음이 들뜨던
그런 나를 잊고
바쁘게 살아온 날들이 부끄러워졌습니다
나는 승천하여 별이 되고 싶었습니다
내내 그런 생각에 잠기며 집에 돌아왔습니다

전자오락실에서 늦게 온 아들을 데리고
아파트 옥상에 올라갔습니다
수많은 별들이 겨울 하늘 속에 반짝이고 있었습니다
영문을 몰라하는 아들에게
별자리를 하나씩 가리켰습니다
별들은 지상에 내려와
우리들 가슴에 따뜻하게 자리잡기 시작했습니다
그러나 그 별들이 아들 가슴 속에서
어떤 빛깔로 반짝였는지
나는 아직 모릅니다.

불

사람은 가슴 속에 불을 지니고 지내는 법이란 말을 듣고
어릴 때 나는 깜짝 놀랐습니다
대장간의 그 시뻘건 불과
요술쟁이 입에서 내뿜던 불길이 떠올랐습니다
속이 타서 담배를 태운다는 어른들 얘기가
영 이해할 수 없었습니다
전쟁 때 막냇삼촌을 군대에 보내고
가슴이 탄다고 노상 가슴을 두드리던 할머니를
한참 동안 지켜본 적이 있었습니다
그러나 길게 내뿜는 한숨뿐
어디에서도 불의 모습을 찾을 수 없었습니다
내 가슴에도 불꽃이 피어오름을
중학교 때 어떤 소녀애를 보고 처음 알았습니다
그 불꽃은 자라 뜨거운 불길이 되어
걷잡을 수 없이 활활 타오름을
4·19 때 세종로에서 보았습니다

인생을 살아가며
그 가슴 속의 불은
저마다 빛과 뜨겁기가 다르다는 걸 알았습니다
그리고 그 불이 하나가 될 때
모든 걸 한꺼번에 태운다는 것도 알았습니다
나이 든 지금
내 가슴의 불은 많이 사위었지만
아직은 작은 불씨로 살아 있습니다
오늘도 사람들의 눈을 통해
저마다 다른 불꽃을 들여다봅니다
그러다 아무런 빛도 없는 사람을 보면
내 작은 불씨라도 조금 나누어 주고 싶어집니다.

바람

들판에 부는 저 바람이
어디서 불어 오는지 나는 알지 못합니다
나뭇가지를 스치는 한 줄기 바람이
작은 시내를 이루고 여울을 짓다가
어느 날 무서운 돌풍이 되어
집을 허물고
나무를 밑둥째 뽑을 수도 있으리란 걸
알고 있을 뿐입니다
지금 내 귓전을 스치는 바람은
아름다운 노래를 읊조리고
들판의 꽃들을 흔들어 깨우고
내 마음을 연처럼 공중에 높이 날립니다
그러나
눈에서 눈으로 소곤거리는
바람 소리를 들으며
들판에 부는 저 바람이

언제 매서운 칼날이 되어
내 가슴을 후비고 아픈 상처를 남길지
조금씩 불안해집니다
오직 바라는 것은
그저 기도하는 심정으로
평화로운 저녁 종소리를 싣고 오기를
간절히 기다릴 뿐입니다.

독수리

하늘로 오르고 싶습니다
저 높은 산등성이를 넘어
구름을 지나
짙푸른 저 하늘 꼭대기에서
다시 한번 땅을 내려다보고 싶습니다
내가 한번 나래를 펼칠 땐
뭇새들이 자취를 감추고
토끼나 다람쥐 같은 작은 짐승도
숨을 죽이고 숨었습니다
나는 두려울 게 없었습니다
구름 사이를 지나 멧부리를 타고 넘으며
나는 맘껏 자유로웠습니다
이제 피 묻은 상한 날개를 퍼덕이며
바위 틈에 몸을 기대고
흐릿한 눈으로 산밑을 봅니다
몇 시간 후면 사냥개를 앞세우고

틀림없이 사람들이 몰려올 것을
나는 압니다
어느 집 응접실에 박제가 되어
날개를 벌린 채 서 있게 될까요
달려드는 사냥개 한 놈쯤
눈깔을 쪼을 준비를 하고
멍하니 푸른 하늘을 바라봅니다.

한강의 돌

나는 어디서 굴러왔는지
늘 의문을 지닌 채 살아왔습니다
홍수에 밀려
부대끼며 곤두박질치며
매년 조금씩 하류로 밀려왔지만
내 고향이 원래 어느 산골짜기인지
너무나 오랜 세월이 흘러 잊어버렸습니다
오랫동안 물 속에 머물기도 하고
더러는 맨몸을 햇빛에 드러내 놓은 채
일 년 내내 하늘만 바라보며 살기도 했습니다
내가 보고 듣고 한 사실들을
이제는 얘기할 힘도 없습니다
어떤 때는 이끼들이 온몸을 덮기도 하고
어떤 때는 풀씨가 날아와
내 옆에서 꽃을 피우고 살다 죽기도 했지만
내 모진 목숨보다 더 긴 것은

아직까지 본 적이 없습니다
어떤 친구는 자갈채취선에 실려 가
시멘트 덩어리에 영원히 처박히기도 하고
어떤 친구는 분쇄기에 가루가 되어
형체조차 없어졌지만
그래도 오늘까지 용하게 나는 목숨을 부지해 왔습니다
오직 바라는 건
그런 끔찍한 일이 나에겐 일어나지 말기를 빌며
바다까지 무사히 굴러가는 일입니다
오늘도 한강을 다스리는
불도저의 불안한 엔진 소리를 들으며
멍하니 서울의 명멸하는 불빛을 바라봅니다

나는 한강에 누워 있는 한 개의 돌입니다.

자

언제부터인가 나는
마음 속에 자를 하나 넣고 다녔습니다
돌을 만나면 돌을 재고
나무를 만나면 나무를 재고
사람을 만나면 사람을 재었습니다
물 위에 비치는 구름을 보며
하늘의 높이까지 잴 수 있을 것 같았습니다
나는 내가 지닌 자가
제일 정확한 자라고 생각했습니다
내가 잰 것이 넘거나 처지는 것을 보면
마음에 못마땅하게 여겼습니다
그렇게 인생을 확실하게 살아야 한다고 몇 번이나 속으로 다짐
했습니다
가끔 나를 재는 사람을 볼 때마다
무관심한 체하려고 애썼습니다
간혹 귀에 거슬리는 얘기를 듣게 되면

틀림없이 눈금이 잘못 된 자일 거라고 내뱉었습니다
그러면서 한 번도
내 자로 나를 잰 적이 없음을 깨닫고
스스로 부끄러워졌습니다
아직도 녹슨 자를 하나 갖고 있지만
아무것도 재지 않기로 마음먹고 있습니다.

산

산이 있어 산에 오른다는 이도 있고
하늘 가까이 별의 소리를 듣기 위해
산에 오른다는 이도 있습니다.

산은 사람을 기르고
어진 신선이 살고 있다는 말도
이젠 모두 옛말이 되었습니다.

옛날엔 어지러운 세상을 피해
산 속에 몸을 숨기고
새 소리 바람 소리와 지낼 수 있었지만

나비 한 마리 마음놓고 숨어 지낼 수 있는
사람 발자국 닿지 않는
그런 산은 이제 아무 데도 없습니다.

사람들의 거친 숨소리와
내지르는 고함 소리에
신(神)들도 모두 도망가 버렸습니다.

그러나
나만이 알고 있는
보이지 않는 산이 하나 있습니다.

봄이면 나무꾼이 진달래를 꽂고 내려오고
신선이 학을 기르며 살고 있는 산입니다.

어느 날
사람들이 용하게 알고 찾아오면
그 산이 불끈 화를 내며 어디로 없어질까봐
그게 걱정이 됩니다.

두보(杜甫)를 읽으며

중국 지도를 펼쳐
양자강을 짚어 오르면
두보가 유랑하던 조각배가
동정호(洞庭湖)에 떠돌고 있다.

난리에 죽은 귀신들의 울음 소리가
여울물 소리에 섞여 들리고
멍하니 바라보는 강물엔
앞을 가릴 치마도 없이 시들어 가는
만 리 밖 늙은 아내가 떠오르는구나.
밤 깊어 전쟁터를 지날 때
서늘한 달빛 아래 뒹구는 백골은 번쩍이고
사람을 잡으러 온 '석호리(石壕吏)'에게
징징대며 하소연하던
아낙네의 모습이 선연하다.
살아있을 수 있다는 것만 해도

얼마나 고마운 일이냐.
언제 우리에게
하루라도 평안한 날이 있었을까.
쑥대 굴형이 된 성도(成都) 초당(草堂)엔
여전히 반딧불이 날고
완화계(浣花溪) 물 소리는 한창 드높을 것인데

최루탄 연기로 가득찬 종로 거리를
두보처럼 기침을 하며하며
뜨거운 뙤약볕 밑을 지척거리며 걷고 있다.

사다리 오르기

전쟁이 끝난 후
모든 게 부서졌지만
용케도 고무공장 굴뚝만은
하늘을 향해 우뚝 남아 있었습니다
버려진 철모를 뒤집어쓰고
우리들은 병정놀이를 하고 놀았습니다
문득 쳐다본 공장 굴뚝 꼭대기엔
구름도 떠 가고 새들도 날아갔습니다
가끔 요란한 소리를 내며 제트기도 날아갔습니다
나는 하늘 꼭대기까지 오르고 싶었습니다
한 발 한 발 발을 옮겨
굴뚝 사다리를 오르기 시작했습니다
아이들은 밑에서 소리지르고
나는 굴뚝 꼭대기까지 오르지 않을 수 없었습니다
우리집이 조그맣게 보이고
내가 다니는 학교도 멀리 보였습니다

나는 세상에서 제일 잘났다고 생각했습니다
온 세상이 다 들리도록 소리소리쳐 보았습니다
어느새 해가 넘어가고 사방은 어두워지기 시작했습니다
캄캄한 굴뚝 속처럼
모든 게 갑자기 무서워졌습니다
사다리를 내려오려고 해도 어쩔 수 없었습니다
내 이름을 부르는 소리가 어렴풋이 들려왔지만
밑을 내려다볼 수는 없었습니다
나는 새가 되고 싶었습니다
이대로 별이 되고 싶었습니다
밑에서 일렁이는 횃불들을 본 생각은 나지만
어떻게 해서 사다리를 내려왔는지
아직까지 나는 모르겠습니다.

문패

우리집 책장 책꽂이 뒤쪽에 숨겨 둔
내 이름 석 자 새겨진 문패,
내가 스무 살 되던 날
아버지가 새겨 오신 나무 문패,
글씨 잘 쓴다는 친구분에게 부탁하여
정성스럽게 만든 큼직한 문패,
아버지 문패 옆에 내 문패를 걸고
광 열쇠를 물려받은 며느리보다
나는 더 가슴 두근거렸다.
그 후
모진 바람에 휩쓸려 집은 흔들리고
집을 옮기면서 방은 하나씩 줄어들고
어느 틈에 내 문패는 자리를 잃어버렸다.
목숨을 이어 가는 데만 정신이 팔려
문패의 존재는 아주 잊어버린 채
헐떡이며 헐떡이며 살아왔다.

불쌍한 문패여
떳떳하게 내 이름자를 내걸 수 없는 안타까움이여
차라리 어느 산골짜기
햇빛 바른 등성이에 세운
묘비에나 내 이름자를 내세워야 할 것인가.

발자국

할리우드 '차이니즈 디어터' 앞
기념 광장에 찍힌 배우들의 발자국.

맨몸으로 숭례문을 뛰어넘었다는
인왕산 중턱 바위에 남은 임꺽정의 발자국.

한반도에 무수히 찍힌
우악스런 공룡들의 발자국 사이로
아버지와 아버지의 아버지의 희미한 발자국이 보인다.

더러는 끊기고 더러는 짓이겨진 채
종 종 종 물새떼처럼 가로 세로 새겨진 발자국
제자리를 빙글빙글 어지럽게 돌며
한반도를 벗어나지 못하고 있다.

지금까지 찍어 놓은 내 발자국은

몇 개나 될까
아니, 몇 개나 제대로 남아 있을까.
낮에는 바람이 머물다 가고
밤에는 별빛이 비추는
온전한 발자국이 단 하나만이라도
남아 있기를 바래본다.

물

저물 무렵 강가에 앉아
여울물 소릴 듣습니다.
물들은 서로 섞이어
저마다 흘러온 사연을 얘기합니다.

아름다운 꽃밭을 지나 물레방아를 돌리고
달밤에 밤뻐꾸기 소릴 들으며 흘러온
행복한 물도 있습니다.
진흙탕 속에 여러 날 갇혀
말발굽에 짓밟히다
제방을 허물고 산을 할퀴고
누구에게나 눈을 흘기며 살아온
팔자 험한 물도 있습니다.

'들어 오라 들어 오라'고
여울물은 속삭이고

'서두르지 마라 서두르지 마라'고
다른 물은 목청을 돋구어 타이릅니다.

물들은 높은 데서 낮은 데로 흘러
결국 바다에서 만날 것을 나는 압니다.

어두워지는 강물에
강 건너 저편의 불빛은 길게 흔들리고
지난 여름
'우리의 소원은 통일'을 노래 부르며
홍제동 네거리에 겹겹이 누워
눈 감고 기도하던 젊은이들의 모습이
강물 사이로 자꾸만 떠오릅니다.

비밀의 집

언제부턴가 내 가슴속에
비밀의 집을 한 채 짓고 있었습니다
벽돌 한 장씩 쌓아 올리며
온갖 아름다운 생각을 다 떠올렸습니다
방은 하나만 만들고
창문도 하나만 만들기로 했습니다
방 안 가득히 그림과 책으로 채우고
심심할 땐 하모니카를 불기로 했습니다
그 가슴을 설레게 하던
영원히 젊은 '데미안'처럼 살고 싶었습니다
그러나 세월이 가도 그 집은 완성되지 못하고
나는 오랜 동안 그 집을 까맣게 잊고 있었습니다
문득 생각이 떠올라 그 집을 찾아가면
거미줄이 쳐 있고 먼지만 뽀얗게 앉아
나는 그 집을 허물고 새로 짓기로 했습니다
이번엔 좀 어른 같은 생각을 가지고

멋있는 집을 짓기로 했습니다
그러자 온갖 음흉한 생각이 다 떠올랐습니다
많은 사람들이 이상한 눈빛으로 나를 보는 것 같았습니다
나는 태연스런 표정을 짓기가 어려웠습니다
집을 지을 생각을 지워 버리기로 했습니다
그 후 벽돌 한 장 더 쌓은 적 없지만
낮에는 햇빛이 환히 비추고
밤에는 별빛이 내리비치는
짓다 만 비밀의 집 한 채가
아직까지 내 가슴 속에 남아 있습니다.

풀씨

나는 자갈돌 틈에 부대끼며
이곳에 몇 대(代)인가 붙박이로 살아왔습니다
장마가 져 뻘밭에 모가지만 내놓고
겨우 목숨을 붙이기도 하고
흘러온 나무토막에 짓눌려
햇빛을 아쉬워하며 몇 년을 살기도 했습니다
나는 시냇물 저편 언덕으로 가고 싶었습니다
그 곳엔 미루나무 잎사귀가 햇빛에 반짝이고
바람도 살랑이며 손짓하는
아름다운 곳이었기 때문입니다.

어느 날 바람이 몹시 심하게 불던 날
정신없이 뒹굴며 곤두박질치며
시냇물 저편 언덕에 내팽개쳐졌습니다
낯선 곳에 어찌어찌하여 뿌리를 내리고
이렇게 겨우 자리잡게 되었습니다

주변을 돌아봐도 모두 낯선 얼굴뿐
그들은 이상한 눈초리로 나를 보곤 했습니다
가끔 양이나 소가 혓바닥으로 핥고 지나갈 땐
온 몸이 부들부들 떨렸습니다.

언덕 위에서 내려다보는 내가 살던 곳은
너무나 아름다운 곳이었습니다
새파란 시냇물이 감싸듯 안아 흐르고
달 밝은 밤엔 동화의 나라처럼 보였습니다
몹시 가물 때면 목구멍을 헐떡이며
나 살던 곳을 더욱 그리워합니다
이제는 어쩔 수 없는 몸이지만
살던 곳이 보이는 곳에 자리잡게 된 것만도
다행으로 생각할 뿐입니다.

죽은 바다

밤새도록 파도가 밀어닥쳤다.
깡통 조각
깨어진 배 조각
빛바랜 플라스틱 조각들이
해안을 어지럽게 덮어 버렸다.
갈매기도 날지 않고
모래사장은 시꺼먼 기름 찌꺼기로 뒤덮였다.

햇빛도 들어오지 않는
콘크리트 골방 속에서
나는 드뷔시의 <바다>를 듣는다.
방 안은 푸른 물결로 가득차고
시원한 미역 줄기를 헤치며
나는 천천히 그 사이를 헤엄친다.

바다,

살아있는 바다는 어디 있지?
햇빛 속에서
푸른 물결은 까르르 웃고
물새 발자국을 남기며
아이들은 바람 속을 달리고
용궁 이야기에 긴 잠을 자고 싶은
살아있는 바다는 어디 있지?

나는 시계바늘을 거꾸로 돌린다.
18, 17, 16 ……
날짜는 하루하루 과거로 돌아간다.
다시 31, 30, 29 ……

그러나
죽은 바다의 모습은 지워지지 않고
하얗게 널부러져 있는 갈매기들은

여전히 옴짝 않고 천천히 썩어간다.

바다에는 밤새도록 눈이 내리고
밤새도록 파도가 밀어닥쳤다.

바다,
파도도 치지 않고
바람도 불지 않고
별빛도 내려쪼이지 않는
진짜 죽은 바다는 어디 있지?

칼

밤마다 칼을 간다.

무뎌지지 않기 위해
녹슬 틈을 주지 않기 위해

밤마다 칼을 간다.

불빛에 섬뜩한 인광(燐光)이 비칠 때까지
귀신도 질려 몸서리칠 때까지
새파랗게 새파랗게
날을 세운다.

내 칼은
버힐 수도 자를 수도 찌를 수도 있지만
나는 그냥 칼을 갈 뿐이다.

어쩌다 칼을 갈지 않는 밤이면
벽에 걸린 칼은 피를 부르며 울고
온갖 욕망 속에 낯선 얼굴들이 떠오른다.

밤마다 숫돌에 칼을 간다.
나를 둘러싼 더러운 것들을 자르기 위해
꿈틀대는 욕망을 죽이기 위해
숫돌이 얇아져 두 동강이 나도록
오늘도 습관처럼 칼을 간다.

법(法)

물은
맑은 소리를 내며
아래로 아래로 흐릅니다.
풀밭 사이로 돌 틈으로
모든 것을 적시며
가장 낮은 데를 찾아 흐릅니다.

물은
들판의 꽃들을 피우고
물레방아를 돌리고
햇빛 밝은 날
아이들의 종이배를 띄우기도 합니다.

그러나 물은
큰 줄기로 모일수록 거칠어지고
비바람이 부는 날

더러는 논밭을 휩쓸고
언덕을 무너뜨리기도 합니다.

오랜 세월이 지나면 몰라도
물이 큰 바윗돌을 부수거나
산을 허물어뜨리는 것을
아직 본 적이 없습니다.
바위를 만나면 뛰어넘고
산을 만나면 휘돌아갈 뿐입니다.

그래도 흐르는 물은 썩지 않는다는 것을
더러운 것들을 씻어 버린다는 것을
나는 믿고 있습니다.

오늘도 전철을 타고 한강을 건너며
융융히 흐르는 물줄기를 바라봅니다.

상평통보(常平通寶)

책상 서랍을 뒤지다 엽전 두 닢을 찾았다.
지금은 쓸 수 없는 새까맣게 녹슨 '상평통보'.
한 닢은 '武'자가 씌어 있고,
또 한 닢은 '京'자가 씌어 있다.
아하, 이것들은 이 돈의 족보인가 보다.
얼마나 많은 사람들의 손을 거쳐
아직까지 내 서랍 속에서
여전히 조선의 희미한 숨결을 내뿜고 있는 것일까.
나는 이들이 걸어온 발자취를 모른다.
오직 어려서 제기 만들 때 쓰던 엽전이라는 기억밖에.
또 하나 이웃집에 세배 갔을 때
세뱃돈 대신 나를 실망시킨 돈이란 기억밖에.
오십 여년 전의 그 엽전이 아닐 텐데
엽전 두 닢의 출처가 생각나지 않는다.
주머니의 동전을 사용할 때 발행 연도를 보고
내 발자취를 생각하며

가끔 찡그리기도 하고 미소 짓기도 한다.
금년에 발행된 반짝이는 새 동전일 때는
 다른 주머니에 넣었다가
오래 머물지 못하고 나도 모르게 써 버린다.
'상평통보'가 쓸 수 있는 돈이라면
내가 잠시나마 생각에 잠기지 않았을 것이다.
앞으로 이 엽전을 어찌할 것인가.
손주 녀석이 태어날 때까지
내 책상 서랍에서 좀 더 숨쉬게
그냥 두기로 한다.

골목길

오동나무가 한 그루 서 있고
돌담 너머 배부른 독들이 고개를 빼고
내려다보고 있는 골목길
장사꾼들도 그냥 지나치고
잘못 들어온 사람들은
죄 지은 듯 황급히 발길을 되돌려 나가는
막다른 골목길.
아침마다 나는 흥얼거리며 이 골목길을 빠져 나가
저녁이면 어머니의 자궁 속의 따스함을 느끼며
이 골목길을 들어선다.
통행금지 시간이 가까울 무렵
'파란 대문집' 남자는 술에 취한 채
이 골목길로 들어서고,
"아 세월은 잘 간다 아이 아이 아이……
나 살던 곳 그리워라."
구성진 노래와 함께

문 열라고 자기 집 대문을 발길로 차고,
이상(李箱)의 13인의 아해들이
일제히 뛰어들 것 같은 소동이 지나고 나면
통금 사이렌 소리와 함께
평온함 속에 나는 잠이 든다.
지금은 주차장이 되어
흔적도 찾을 수 없는 골목길
술에 억병으로 취한 '파란 대문집' 사내가 되어
"아 세월은 잘 간다 아이 아이 아이" 하고
이파리만 너울거리는 오동나무를 향해
고래고래 목청껏 울부짖고 싶어진다.

오이도行

소래포구에서 소금을 싣고 떠난

협궤열차는 아직 도착하지 않았다.

나는 첫사랑을 찾아 오이도로 간다.

철길엔 눈이 덮이고

터덜거리며 걷는 숫눈길에서

눈도 못 뜨게 왜 눈물이 쏟아지는 것이냐.

눈썹에 걸린 눈송이 사이로

샛눈을 뜨고

흐릿하게 보이는 오이도를 빙 둘러본다.

멍텅구리 배처럼 정박해 있는 오이도엔

사람 그림자도 안 보이고

얼어붙은 낡은 횟집 간판들만이

바람에 덜컹거리고 있다.

첫사랑을 찾을 수 있다면

무릎까지 빠지는 갯벌을 기꺼이 건널 것이다.

흘러간 시간은 돌아오지 않을 거라고

바람은 내 귓전에 속삭인다.

오이도에 아무도 살지 않아도

햇살 비치는 눈 녹은 길을 골라 밟고

오이도 겨울 바다를 샅샅이 훑을 것이다.

첫사랑의 자취를 되찾을 때까지.

2

빅토르 최

카자흐스탄에서 태어나
스물여덟 살에 라트비아에서 교통사고로 죽은 사내.

네 이름은 '빅또르 로베르또비취 쪼이'지만
나는 그냥 빅토르 최라 부르련다.

통기타에 맞춰 부르는
나지막하고 어두운 네 목소리는
군대 시절의 젊은 나이로 나를 이끈다.

나도 '혈액형'이 새겨진 군번표를 목에 걸고
춥고 어두운 긴장 속에 떨며
열차로, 다시 트럭에 실려 자대(自隊)에 도착하였다.

눈부시게 비치는 서치라이트 불빛
끝없이 반복되는 앉아 번호

우리가 제대할 때까지 전쟁이 일어나지 말기를
얼마나 빌고 또 빌었던가.

빅토르 최
너는 나와 핏줄이 통할 뿐
그 핏줄의 흐름의 경로를 잘 모른다.

아마도 연해주나 사할린에서
냄새 나는 가축 운반 열차에 강제로 실려
민들레 꽃씨처럼 그 먼 곳까지 갔으리라 짐작될 뿐
네가 공장의 화부로 고생한 사실도 잘 모른다.

페레스트로이카!
너는 변화를 노래하고 자유를 부르짖었지.
그리고 사람들은 너의 노래를 미친 듯이 함께 불렀지.

눈에 봄을 담은 음유 시인(吟遊詩人)
빅토르 최.
너는 어디로 갔느냐.
하늘과 땅 사이에 전쟁만 있는 이 지구가 싫어
'태양이라는 이름의 별'로 떠났느냐.

오늘도 모스크바 아르바트 거리엔
헝클어진 긴 머리칼, 활활 타오르는 너의 눈빛
별이 된 너의 모습을 떠올리며
사람들은 어둡고 무거운 너의 목소리를 잊지 않는다.
그리고 더 많은 '빅토르'를 찾아 헤맨다.

볼레로

회사가 문 닫던 날
우리들은 쓴 소주를 한 잔씩 하고 뿔뿔이 헤어졌다.
밀린 임금을 받기 위해
노동부로, 검찰청으로 부지런히 다녔다.
모든 것은 허사가 되고 쓸데없는 이력서만 수북이 쌓여 갔다.
공사판을 전전하다 어느 틈에 부산 광안리 바닷가에 도착했다.
멀리 고층 아파트 불빛을 바라보며
집 없는 자의 설움을 뼈저리게 느꼈다.
밤 바다는 물결을 토해 냈다가 다시 휩쓸어 가고
문득 30년 전 총각 시절, 남해도 여행길 바닷가가 떠올랐다.
소 먹이던 어떤 노인은
자기 아들이 '서울 공대'에 다닌다고 자랑스럽게 말하고
가지고 간 라디오에서 음악이 흘러 나왔다.
끊임없이 반복되는 라벨의 '볼레로'.
처음에는 약하고 느리게 연주되다가 점점 강렬해지는 멜로디.
나는 '볼레로'를 들으며 토담집으로 쭉 연결되는 마을까지 왔다.

그렇게 인생은 돌고 돌았다.
광안리 밤 바다는 어떤 때는 약하게 때로는 거칠게 파도치며
살아 있으면 나에게 움직이라고 속삭였다.
움직이면 살 수 있다고 더러 악을 썼다.
오늘도 라벨의 '볼레로'를 들으며
내 인생은 어디쯤 진행되고 있을까 생각해 본다.

살곶이 다리

한양대학교 옆
시꺼먼 물이 흐르는 중랑천 하류에
살곶이 다리가 있네.
잉어가 뛰고 메기가 유유히 헤엄치던 곳
지금은 철모르는 아이들 몇이
다리 위에서 뛰놀고 있네.

이 다리 위로
남한산성으로 피난 가
40여 일 동안 청나라에 항쟁하던
인조(仁祖)도 결국 삼전도(三田渡)에서 무릎 꿇고 돌아오고,
임오군란(壬午軍亂) 때 궁녀 복색으로 장호원으로 도망갔던
민비도 돌아왔지만
이 다리를 건너간 할아버지는 소식이 없네.

훈련원에 다니시던 증조부가
임오군란 때 청나라 오장경 군인들에게
무참히 살해된 뒤
졸지에 고아가 된 할아버지.
시집가지 않은 처녀 이모가 거두어 키웠단다.
몽둥발이로 온갖 쓴 맛을 보며 자랐단다.

더러는 만주로 갔으리라고
돈 많이 벌어 비단옷 입고 돌아오리라고
할머니는 소식 없는 남편을 기다리며 늙으셨단다.

살곶이 다리 위로 얼마나 많은 구름이 흘러갔으며
또 얼마나 많은 물이 다리 아래로 흘러갔는가.
전철을 타고 가며 이 다리를 볼 때마다
아버지 두 살 때 이 다리를 건너가 소식 없다는
얼굴도 모르는 할아버지를 생각한다.

모기

입동이 낼 모레인데
모기가 극성이다.
모기향을 피워도 죽지 않고
그렇다고 초겨울의 문턱에
모기장을 치고 잘 수도 없다.
자기 전에 꼭 천장과 벽에 붙은 모기를 사냥하느라
피곤한데도 잠을 잘 수가 없다.
하루에도 다섯 마리 이상씩 나에게 살육당하고도
모기 수효는 줄지 않는다.
할 수 없이 포기하고 이불을 머리까지 뒤집어쓰고
모기에 항복하기로 한다.
어떤 놈은 결사적으로 이불 틈으로 파고 들어
내 피를 공략하려고 달려든다.
양심적으로 공습경보를 발령하고 달려드는 놈도 있고
비겁하게 사이렌을 울리지도 않고
슬쩍 목적을 달성하고 어둠 속으로 줄행랑을 치기도 한다.

모기야

잘 때만은 좀 봐 주라.

아니면 하루에 한 마리씩만 방문하여라.

내 피가 그렇게 맛이 좋으냐?

그만 좀 뜯어 먹어라.

세상이 하 수상하니

때 아닌 모기마저 극성이구나.

그 해 여름

1

그 해 여름
오랜 가뭄에 감나무 잎새도 시들었고
중풍 든 사사끼 씨 집 울타리 밑에서
퀭한 그 노인의 눈초리를 피해
나는 돼지감자를 몰래 캐고 있었다.

해방이 됐다는
읍내 갔다 온 마을 사람 소식에
온 동네는 벌컥 뒤집혀
서로 아무나 껴안고 울음을 터뜨렸다.

소학교 운동장 한 구석에 서 있던
신사(神社)를 도끼로 때려 부수던 날
소 잡고 막걸리 빚어

꽹과리에 장구 치며 하루 종일 신나게 놀았다.

아무것도 모르는 우리 꼬마들도
어른들이 주는 대로 넙죽넙죽 막걸리를 마셨고
취해서 뛰어다니며 장난질해도
누구도 야단치지 않았다.

중풍 든 사사끼 씨가 구루마에 실려
이삿짐 싣고 읍내로 가던 날
동네 부인네들은 치마꼬리로 눈물을 훔치며
불쌍하다고 조용히 속삭였다.

2

그 해 여름
임진각 가는 홍제동 길에
장마비는 세차게 쏟아지고
아스팔트 위에 대학생들이 겹겹이 누워
'우리의 소원은 통일' 노래를
목이 쉬게 부르고 있었다.

최루탄은 뽀얗게 터지고
사람들은 우산도 팽개친 채
손수건으로 눈을 가리고
울면서 빗속으로 뛰어갔다.

전쟁이 터지던 그 날
목이 쉬게 군가를 부르며

트럭에 실려 총 한 자루 없이
미아리 고개로 가던 젊은이들이 생각났다.
최루탄 연기를 피해 울면서 울면서
나는 골목길을 혼자 걷고 있었다.

비는 어느새 그치고
문득 고개를 치켜들었을 때
나는 분명히 보았다
교회 첨탑 십자가에
슬픈 얼굴을 하고 있는 윤동주(尹東柱)의 얼굴을.

국밥

국밥이 먹고 싶다.

밤새 양지머리를 푹 고아 만든
옛날 유명했다던 무교동 국밥,
대구 시청 건너편 골목집
빨건 기름이 둥둥 뜬
맵디매운 따로국밥도 먹어 보았지만

무를 숭숭 썰어 넣고
고기 몇 점을 얹어 끓인
흰 쌀밥을 만 국밥이 먹고 싶다.

전쟁 때 고모네 집 근처로 피난가
밀기울로 연명하던 때
아버지에게 몰래 국밥을 사 먹이던
고모를 나는 알고 있다.

고모 집에 문득 들어선 나를 보고
아버지는 수저를 놓아 버리고,
자식 때문에 애비 말라 죽겠다는
도끼눈 뜬 고모 말에
나는 울며 문 밖으로 뛰쳐나가고,
뒤따라 나온 아버지에 끌려가
한 그릇 얻어먹은 국밥.

국밥이 먹고 싶다.

무더운 여름
부채질해 주시는 아버지 옆에서
뜨거운 국물을 후후 불어 가며
목메어 먹던 그 국밥이 먹고 싶다.

오 대니 보이

용산역에는 하루 종일 눈이 내렸다.
크리스마스 이브인데도
성가대의 찬양도 캐롤 송도 들리지 않았다.
서울역에서 기차를 타고 이 곳에 온 지도 벌써 이틀
열차는 움직일 줄 몰랐다.
사람들은 짐 보따리를 메고 지고 우왕좌왕할 뿐
기관차에서 뿜어내는 매캐한 연기와 수증기처럼
어느 기차가 떠날 거라는 소문만 무성했다.
열차에도, 화물차 지붕 꼭대기에도
사람들로 가득 차고
가끔 탱크와 야포를 실은 군용열차만이 남쪽으로 움직였다.
먼 데서 들리는 포성 소리가 금방 덮칠 것 같았다.

열차 지붕 꼭대기에서 떨어질까봐
온 식구가 서로 끈으로 묶고
이불을 푹 뒤집어 쓴 채

눈보라와 함께 기차는 남(南)으로 남으로 달렸다.
어쩌다 기차가 한 번 서면 몇 시간, 며칠을 움직일 줄 몰랐다.
주변엔 김밥, 주먹밥 장수가 들끓고
냄비에 밥을 짓고, 밤새 얼어죽은 시체를 파묻느라고 떠들썩했다.
열차 주변은 금방 지린내로 덮이고
아무 데나 용변 본다고 누구 하나 욕하는 이도 없었다.
대전 지나, 추풍령 고개를 넘어 김천, 대구를 지나며
열차에 탄 사람 수는 눈에 띠게 줄었다.
시퍼렇게 얼어붙었던 표정엔 화색이 돌고
곧 도착할 부산 사투리를 흉내내며 까르르 웃기도 했다.
그때 어떤 국민학교 학생이 부른 '오 대니 보이'.
삼랑진역에서 본 푸른 겨울 보리와 함께
50여 년 전 그 노래 소리가 아직도 내 귓전에 울린다.

대마도를 바라보며

맑은 날
부산 영도 목장원 전망대에 오르면
대마도가 눈앞에 가까이 보입니다.
닭소리 개소리도 귀에 들릴 듯
손을 뻗치면 손이 닿을 것 같습니다.
저렇게 가까운 땅이 일본 영토라는 것이 믿어지지 않습니다.
한반도가 저들의 대륙의 젖꼭지라 생각하고
신라 시대 이전부터 아무런 부끄러움 없이
저들은 한반도를 훔치고 빼앗고 한반도를 빨아대며 살아왔지요.
해방 이후 자유당 정권 때
도둑고양이처럼 온갖 화장품과 옷감과 전자 제품을
밀수하여 팔아먹던 대마도 주민들
일본과 우리 사이에 대한해협이란 국경선이 없었다면
그들은 경상도 사투리를 쓰며
남해안 일대에 왜포(倭浦)를 다시 열었겠지요.
홍주산성 싸움에서 한달을 버티다

왜놈들에게 붙잡혀 대마도에 끌려가
일체 먹을 것을 거부한 최익현선생이 떠오릅니다.
우리는 일본에 질 수도 타협할 수도 없는데
바다 낚시를 꿈꾸며 남몰래 대마도로 가는 낚싯꾼들이 많다면서요.
손주들을 무릎에 앉히고
대마도가 어느 나라 땅인지 얘기를 해 줄 의향은 갖고 계신지요.
이종무 장군을 들먹일 게 아니라,
500년 전 이순신장군이 대마도를 휩쓸어버려야 하는 건데
날 좋은 날
부산 영도 목장원 전망대에 오르면
대마도가 눈앞에 보입니다.
경상남도 대마도군으로 보아야 할는지
눈을 부릅뜨고 총칼을 부여잡은 채 그들을 경계해야 할는지
귀를 모으고 들려오는 개소리 닭소리가 있는지
관심있게 대마도를 바라봅니다.

감격시대

신문을 보아도 TV를 보아도 도무지 감격할 일이 없습니다.
전부 다 '개새끼들' 아니면 벌레보다 못한 놈들뿐
나이 들어 괜히 흥분하고 통탄할 일밖에 남지 않았군요.
그렇지 않아도 혈압이 높은데, 그런 놈들 때문에 흥분할 필요는 없겠지요.
알에서 갓깬 거북이 새끼들이 서로 달음박질쳐서 파도치는 바다에 도달했을 때
지난 월드컵 축구 때 사람들이 시청 앞 광장에 모여 한마음으로 모여 응원할 때
정말 감격하고 감동의 심경으로 몸을 부르르 떨었지요.
폴란드 팀을 이기고, 기적같이 이태리를 이기고, 스페인 팀을 승부차기로 이겼을 때
사람들은 제 정신이 아니었지요.
스포츠 이외의 일로 감격한 일이나 감격할 일은 없었을까요
전부 '개새끼들' 때문에 인생을 사는 것이 신이 안 나고 울화통만 터지는군요.

옛날 같으면 나는 지조 있는 선비였을지도 모르지요.
꽃 한 송이에도 의미를 부여하고 대나무 한 그루에도 사는 뜻을 찾았을 겁니다.
언제쯤 나는 다시 부르르 떠는 감격의 기쁨을 맛볼 수 있을까요.
진정으로 하늘을 향해 두 손 모으고 기도할 수밖에 없겠습니다.
우선 내가 남을 괴롭히는 '개새끼'가 되지 말고 벌레보다 못한 놈이 되지 말아야겠지요.
오늘도 신문을 보면서 구둣발을 들어 벌레보다 못한 놈들을 깔아뭉개는 자세를 취합니다.
살아가면서 감격은 바라지 않아도 내가 벌레보다 못한 놈이 될 때 내 구둣발로 나를 짓뭉개겠다 결심해 봅니다.
감격시대는 언제쯤 다시 올까요? 나도 거북이 새끼처럼 죽자 하고 바다로 향해 달음박질해야 할까요.

광화문에 내리는 눈은

눈이 내린다.
광화문에 눈이 내린다.

대쪽 같은 성격으로 올바른 나라 사랑의 길만을 찾다, 남곤(南袞)·심정(沈貞) 무리의 미움을 받아 휘지 못하고 꺾여 버린 조광조(趙光祖). 언 땅에 무릎을 꿇고 눈물을 묵수(墨水) 삼아 임금께 옷자락 상소를 쓰던 그의 모습이 눈 속에 보인다.

눈이 내린다.
광화문에 눈이 내린다.

삼청동 골짜기, 아이들을 모아 습진(習陣)놀이를 하는 어린 이순신(李舜臣)이 눈 속을 달린다. 노량 해협, 꿈틀대는 겨울 바다, 튕기는 불꽃과 날아가는 화살 화살들. 힘차게 치는 노한 북소리가 귀에 들린다. 충무공 동상이 이글이글 타는 눈으로 눈 내리는 거리를 엄숙히 내려다보고 있다.

광화문에 내리는 눈은
총독부 건물의 낡은 게다짝 소리를 지우고,
경복궁 돌담에 서린 젊은이들의 아우성 소리를 뒤덮고,
일 년 내내 눈물 흘리게 하던
거리에 흩어진 최루탄 냄새도 덮어 버린다.

눈이 내린다.
광화문에 눈이 내린다.

밀려오는 자동차들은
순백의 눈송이들을 짓밟고 지나가지만
광화문에 내리는 눈은
그침 없이 내리고 또 내린다.

청계천에서

청계천 장통교를 지나면
어디선가 말발굽소리가 들린다.
가을이 일제히 돌아가는 소리인가 보다.
한여름 내내 물보라를 일으키던
청계천도 이제는 야위어지고
겨울을 준비하는 낙엽들이
한두 잎 따라 흐른다.
청계천이 눈으로 덮이면
무엇을 해야 할까.
북촌 떡, 남촌 술이라는데
삼각동 어느 막걸리 집이나 찾아가야 할까.
아니면 겨울이 오기 전에
종각 뒷골목에서
한 잔의 진한 커피를 마시고
'정조의 반차도(班次圖)'에 한자리 끼어
나도 말을 타고 떠날 준비를 해야겠다.

늦기 전에 제비처럼

따뜻한 남쪽을 그리워해야겠다.

화동 언덕엔 회화나무가
— 경기고등학교 개교 100주년에 부쳐

화동 언덕
하얀 음악당 옆에
늙은 회화나무가 있다네.
건너편 인왕산도 바라보고
경복궁도 굽어보는
나이가 몇 살인지 아무도 모르는
'경기(京畿)'와 함께 늙어 온
회화나무가 한 그루 있다네.

회화나무는
기미년 3월 1일 그 날
교복 입은 채 파고다 공원으로 달려가
만세 부르다 학교로 영영 돌아오지 못한
얼굴들을 알고 있다네.
박 정권 시절

3선 개헌 반대 데모 때
책상으로 교실 문을 막아 놓고
울며불며 나라 일을 걱정하던
앳된 얼굴들도 알고 있다네.

전쟁 때
부산 구덕산 밑 피난살이 천막 교실을,
환도 후
덕수국민학교 한 귀퉁이와 체신부 자리 가교사를 거쳐
5년 만에 다시 화동으로 돌아왔을 때
아무도 없는 텅 빈 운동장을 꿋꿋이 지키던
회화나무야
너를 볼 때 우리는 얼마나 반가웠던가.

세월이 흘러
강남 삼성동으로 학교가 이사 간 뒤

이제 너의 모습을 볼 수 없지만
고향의 늙은 나무처럼
우리들 가슴에 너는 영원히 살아있단다.

바람이 불적마다
회화나무는 우리에게 속삭인다.
진리를 간직하여 '자유인'이 되라고
인간다운 삶을 누리는 '문화인'이 되라고
남을 생각하고 함께 어울리는 '평화인'이 되라고.

화동 언덕
하얀 음악당 옆
늙은 회화나무를 생각할 때마다
'내 나라 나랏집의 동량(棟梁)이 되세'라는
교가의 마지막 구절이 떠오르네.

다시 화동 언덕에 서서
— 졸업 50주년에 부쳐

졸업한 지 50년 만에
다시 화동 언덕에 섰네.
부대끼고 깨지고 피 흘리며
모진 칼바람 속을 헤매기도 하고
먼 길을 빙 돌기도 하면서
그래도 용케 죽지 않고
이렇게 화동 언덕에 다시 모였네.
체육관은 자취도 없이 사라지고
잔디밭이 깔린 채
군데군데 벤치가 자리잡은 낯선 운동장
알지 못하는 '종친부 건물'은 폐허처럼 정구장 자리에 서 있고
졸업 기념으로
영화 <우리 생애의 최고의 해>를 보던 강당은
음식 냄새로 찌들어 있네.
수영장은 온데간데 없이 사라진 낯선 곳에서
우리는 처음 온 손님처럼

서투르게 흘끔흘끔 눈치를 보며
정독도서관 열람실을 고개를 빼고 훑어보네.
회화나무는 여전히 제 자리에 서서
우리를 보고 반갑다 아는 체하고
경복궁 너머 인왕산도 저녁 햇살 사이로
고개를 끄덕이네.
누가 '중등교육발상지'를
내팽개치듯 강남 구석에 처박아 두고
역사 오랜 우리 학교를 가지고 장난을 치나.
정독도서관을 차라리 강남으로 보내고
풍기는 먼지라도 향기로운
화동 언덕으로 다시 되돌아와야 하지 않겠나.
오십 년의 세월이 더 흘러
머리 허연 우리들이 모두 별이 될지라도
우리들은 여전히 화동 언덕에 서서
함성을 지르며 운동장에서 공을 찰 것이고

회화나무 그늘에서 땀을 들일 것이네.
그리고 인왕산으로 지는 저녁 햇살을
눈을 가느스름하게 뜨고
오래도록 바라볼 것이네.

전송(餞送)
— 장광렬 형 영전에

어허 달구 어허 달구
해는 노랗게 기울고
낙엽만이 딩구는 이 가을에
너는 서른 세 살의 나이로 떠났구나.

눈을 감으면
언제나 웃고 있는 네 얼굴이 떠오르고
눈썹 옆에 검은 점
소년 같은 순수한 표정이
지금이라도 내 이름을 부를 것 같구나.

시(詩)를 쓰고
시(詩)를 좋아하고
양귀비꽃에 취한 듯
시(詩)를 얘기하던 너

시(詩)에 열병 앓던 너의 모습은
청량대(淸凉臺)에 남아 있구나.*
덕수궁 벤치에 남아 있구나.

어느 해 눈 내리던
크리스마스 이브 날
군대에서 휴가 나온 자네와
함께 기울이던 막걸리 잔의 의미를 아직 기억하는가.
우리 함께
한국 시단(詩壇)의 기수가 되자고
다짐하던 그 날을 기억하는가.

텅빈 빈 산
아무도 살지 않는 산
낡은 햇빛이 나뭇가지에 걸려 있고
바람만이 조용히 소곤대는 산.

어둑어둑한 저녁 무렵
어느 황천길 마지막 주막에서
우리 다시 따스한 시(詩)를 얘기하길 바라며
터벅터벅 먼 길을 가는
자네를 전송(餞送)하네
쓸쓸히 걸어가는 자네 뒷모습을 바라보네.

* '청량대'는 서울대 사대 옛 자리에 있던 동산. 이곳과 덕수궁에서 '사대문학회' 시화전이 열리곤 했다.

** 이 시의 원고는 1977년 봄에 썼으나 원고 소재를 알 수 없어, 그동안 발간한 시집에 수록하지 못했다.

하나님을 기쁘시게 하는 길
— 미가 6 : 6 ~ 8

무량(無量)한 손길로 어루만지는
아침 햇살을 받으며
언제, 어디서나 나를 지켜보시는
하나님을 생각했습니다.

마음 속의 작은 욕망을 위한
간절한 기도는 늘 했으나
하나님을 기쁘게 해 드리려고 한 적이
한 번도 없었다는 생각이 문득 떠올랐습니다.

구약 시대 사람들은
송아지나 양을 불태워 바쳤으나
하나님은 그런 것으로 기뻐하실 것 같지는 않았습니다.

새순이 움돋는 나무를 보며
저렇게 정결하고 순수한 것만을

기뻐하시리라는 생각이 들었습니다.

내가 가진 것 중 가장 깨끗한 것을 찾았지만
얼룩진 것들만이 떠오르는 것이었습니다.
나이 들어 이제는
어린애 같은 유순한 표정도 지을 수 없고
거짓되고 후회스런 일들만이 생각나는 것이었습니다.

하나님
저질러 놓은 많은 잘못을 보시고
오히려 노여운 낯빛으로 저를 대하시지나 않으실는지요.

공의(公義)를 행하며 겸손한 마음으로 살아가는 것이
하나님을 기쁘시게 하는 길임을
햇빛 밝은 어느 날 아침
성경을 읽고 새삼 깨달았습니다.

지금은 감사할 때입니다

추수가 끝난 들판은 텅 비고
쓸쓸한 바람만이 살고 있습니다.
그 찬란하던 햇빛은 쇠잔해지고
가지 끝에 달린 이파리도
이제 몇 개밖에 남지 않았습니다.

그러나 지금은 감사할 때입니다.

저 빈 들판에 떠도는 까마귀같이
피곤한 날갯짓을 하며
몇 년을 그렇게 헛되이 살아왔습니다.
모든 건 내 잘못이 아니라고
시대를 탓하고 세상을 원망했습니다.

그러나 지금은 감사할 때입니다.

화병에 꽂은 아름다운 들꽃을 보며
황금빛 열매를 맺게 하신
주님을 생각했습니다.
서로 믿지 못하는 거친 마음으로는
아무런 열매도 맺을 수 없음을 새삼 깨달았습니다.

지금은 오직 감사할 뿐입니다.

아침 식탁의 작은 평화를 주시고
착한 눈으로
이웃과 세상을 바라보게 해 주십시오.
그리고 다가오는 겨울이
따사로운 겨울이 되도록 해 주십시오.

주님
지금은 모든 게 감사할 뿐입니다.

아우에게

요한 11:25, 26. 계시록 21: 4.

수박 내음 풍기는 유월에
아우는 누더기 옷을 벗고
먼 길을 떠날 준비를 한다.
아우야
무슨 가슴에 품은 한이나 남기고 싶은 얘기는 없느냐.
눈 감은 그 앞에서 나는 목소리를 죽여 성경을 읽는다.
"나는 부활이요 생명이니, 나를 믿는 자는 죽어도 살겠고
무릇 살아서 나를 믿는 자는 영원히 죽지 아니하리니"
아우야 너는 이것을 믿느냐.
인생을 살면서
몇 번의 즐거움과 기쁨이 남았겠느냐.
이상하게도
너와 함께 지낸 어떤 기억이나 애틋함도 떠오르지 않는구나.
사람들은 살아서 남을 자들을 걱정하고
이제는 지쳐 네가 갈 길을 걱정하지 않는다.
"모든 눈물을 그 눈에서 씻기시매 다시 사망이 없고

애통하는 것이나 곡하는 것이나 아픈 것이 다시 있지 아니하리니
처음 것들이 다 지나갔음이러라."
수박 내음 풍기는 유월에
하나 안타까운 것은
생명이 들끓는 바닷가 갯바위에서
너와 함께 바다낚시를 해 보지 못한 것이구나.
아우야, 사랑한다.

어떤 슬픔
— 부활절에

성경을 읽을 때마다
가슴 저리게 슬픔을 느끼는 건
그분이 십자가를 지시고
골고다 언덕으로 올라가는
<누가복음> 23장을 읽을 때입니다.

채찍을 든 로마 군병들이 앞장서고
세차게 부는 바람 속에
헐떡이며 헐떡이며
그 험한 바위 산을 맨발로 올라가실 때
송글송글 떨어지는 핏방울은
장미꽃으로 피어나고 있었습니다.
그렇게 그 분은 내 안에 자리잡았습니다.

진실로 진실로
나는 예수님 시대에 사는

여자가 되고 싶었습니다.
혈루병 든 환자가 아니라도
그 분의 옷자락을 가만히 만져 보고,
그 분의 온유한 목소리에
흠뻑 취해 보고 싶었습니다.

수요 예배를 끝내고 돌아오는 저녁
나는 가끔 그 분을 만납니다.
아파트 옥상 위에 떠 있는 별은
그 분의 눈동자가 되어 나를 내려다봅니다.
살랑이는 저녁 바람은
그 분의 목소리가 되어 내 귓전을 스칩니다.

나의 죄 때문에
돌아가신 예수님

성경을 읽으면서
이 험한 세상의
한 알의 밀알의 의미를 되새길 때마다
나는 자꾸만 눈물이 나옵니다.
그리고 비둘기처럼 날아오르는
성령의 모습을 생각합니다.

잃어버린 찬송가
— 요한복음 10장

나에겐 잃어버린 찬송가가 하나 있습니다.
곡조는 생각나는데
가사는 영 떠오르지 않습니다.

예수가 누군지도 모르던 어린 시절
동네 예배당에서
풍금 소리에 맞추어 따라 부르던
바로 그 찬송가입니다.

은행잎 사이로 햇살은 반짝이며 흔들리고
아이들은 숨바꼭질, 정신이 없을 때
예수님은 선한 목자로
그렇게 살며시 나에게 다가오셨습니다.

예수님
저는 그 후 오랜 세월 동안

잃어버린 양으로 헤맸습니다.

늑대에게 잡혀 먹히지 않고
다시 우리를 찾게 된 것도
선한 목자의 음성을 기억하고 있었기 때문이겠지요.

교회에 나가게 되었을 때
맨 처음 한 일은
잃어버린 찬송가를 찾는 일이었습니다.

찬송가 전편(全篇)을 아무리 뒤져도
그 찬송가는 어디에도 없었습니다.

소중한 것은 귀하게
어디에 꼭꼭 숨어 있다는 걸
나는 압니다.

잃어버린 찬송가는
언젠가 분명히 찾을 수 있으리라는 걸
나는 압니다.

예수님
저는 아직까지 그 찬송가의 마지막 구절은 외우고 있습니다.
"목자들아 양을 몰아 환향(還鄕)하리라."

돌아오라 수표교교회여

수표교교회를 생각할 때마다
슬픈 예수님 얼굴이 떠오릅니다.
첨탑에 새겨진 십자가를 보고
어느 날 수표교교회를 찾아갔었습니다.
찬송가 소리도 들리지 않고
거미줄 친 교회 건물은 을씨년스러웠습니다.
주민들 말에 의하면
교회는 40여 년 전에 서초동으로 이사갔다는 거였습니다.
청계천이 덮이고 그 위로 고가도로가 생기고
쌩쌩 달리는 자동차들의 소음과 매연에
교회가 견딜 수 있었겠습니까.
그러나 전쟁이 난 것도 아니고
알 수 없는 어떤 이유가 있었드래도
성전을 폐허처럼 내버려 두고
교회를 홀랑 옮길 수는 없는 일입니다.
청계천이 다시 되살아나고

다리 밑으로는 고기들도 왔다갔다 합니다.
박태원의 소설 ≪천변 풍경≫에도 나오는
백 년이나 되는 수표교교회
청계천 빨래터에 방망이 소리는 안 들려도
수표교교회가 옛 성전으로 되돌아와
청계천 물소리와 함께
찬송가 소리가 다시 들리길 바랍니다.
그때 다시 환히 웃으시는
예수님의 얼굴이 보고 싶습니다.

3

김원호 시에 대하여

어둠과 밝음의 합주(合奏)*

— 김원호의 <과수원>

김유선 _ 시인, 문학평론가

1

빈센트 반 고호의 '과수원'을 아시는지요.
도깨비도 무서워할 고목뿐인 올리브 숲이었지요.
불타다 남은 자리보다 더 쓸쓸한 곳이었어요.
어쩌면 내가 이런 숲을 생각하는지
나 자신 올리브 숲의 도깨비가 되고 싶은 모양입니다.

2

벌레 먹은 가지를 하나씩 따 줄 때마다
나는 나 자신인 것을 잊어버리고
물익은 과일이 달린 과수원의 나무가 되고
나도 가지에 벌레 먹은 과수원의 나무라고 생각합니다

* 출처: ≪한국대표시평설≫, 문학세계사, 1983.

하니, 고목뿐인 이 숲이 도깨비보다 덜 무서워지는군요.

3
똑, 똑, 가지 꺾는 소리뿐
이 과수원은 너무도 조용합니다.
혹시 이런 곳에서 몸에 배인 병(病)이나 씻어 버리며,
도깨비가 될 때까지 살고 싶지는 않으십니까.
산골보다 더 조용한 것이 얼마나 마음에 드는지.

4
잔잔하고 푸른 먼 이오니아 바다처럼
쓸쓸한 여름날 같은 하늘도 보입니다.
쓸쓸한 원색(原色) 속에서 생활을 하며
향기 푸른 과일밭에서 일을 하시면
어느새 병(病)도 깨끗이 나으실 것입니다.

5
푸른 달밤에 과일이 익을 때
과수원 옆에 초막을 짓고 지내시면
단물 고인 과일나무가 되시겠습니다.
그러나 사람이 보고 싶으실 땐 언제라도 돌아가시지요.
그래도 우리 이 과수원에서 도깨비가 될 때까지 살고 싶지는 않으십니까

— <과수원> 전문

빈센트 반 고호의 '과수원'을 아시는지요.

첫 행에서 산문율의 겸손한 질문 형식으로 시작하여 청자를 화자의 시세계 속에 손쉽게 유도하고 긴장시키는 김원호의 <과수원>에서, 우리는 그의 시가 지니는 산뜻한 운율 감각이나 서정성에 대한 감지와 더불어, 다음과 같은 첫째의 질문을 갖게 된다. 시인 김원호의 시정신과 빈센트 반 고호의 화가 정신을 연결하고 있는 끈은 무엇일까. 이들 사이에 흐르는 공통점의 확인 작업은, 이 시가 우리에게 던지는 의미 본질에 근접하는 1차적인 방법이 될 것이다. 고호의 비극적 생애는 열망과 고뇌의 끊임없는 소진이었으며 예술적인 삶, 예술이 곧 운명이었음을 실증한다. 시인이 우리에게 넌지시 내민 카드 속의 그림은 꽃이 만발한 우리들 통념 속의 과수원은 아니다.

도깨비도 무서워할 고목뿐인 올리브 숲이었지요.
불타다 남은 자리보다 더 쓸쓸한 곳이었어요.

고목뿐인 이 올리브 숲 앞에서 우리는 고호의 정신 분열기에 제작된 그림들을 떠올리게 된다. 격렬하다시피 비꼬이고 뒤틀린 나뭇가지, 칙칙한 색감이 주는 토운(tone), 하늘과 땅 사이로 소용돌이치는 화폭 앞에서 우리는 몸부림치며 고뇌하는 한 비극적 삶의 모습을 상기한다. 이 시의 무성한 올리브 숲은 17, 18세기에 올리브나무가 지녔던 우의적(寓意的, emblem) 이미지인 '평화'는 이미 아니다. 도깨비도 무서워할, 평화가 깨어진 암울한 불안의 의식 세계이며, 열정이 불타다 남은 자리처럼 쓸쓸한 바람이 감도는 곳이다. 김원호의 아무도 살지 않는, 무섭도록 조용한 과수원행(行)과 일맥되는 것으로 보인다. 파리를 떠나서 전원 도시 아를르로 가기 전, 고호의 자화상 제작은 그 수량이 많은 것으로 유명하다. 자화상을 많이 그리는 화가는 일반적으로 불안한 영혼의 소유자로 끊임없이 변화하는 자기 자신을 되묻고 확인하려는 심리 작용에 기인한다고 한다. 2년 동안에 20여 점이 넘는 자화상을 제작한 고호는 자기 내면의 가장 강한 목소리에 따라 전원으로 향한다. 이는 자연과 대지로의 회귀, 대지로의 흡수라고 말해진다. 과수원에서 '몸에 배인 병'을 치유하며 단맛이 들기를 기다리는 벌레 먹은 과일나무의 투시는 자기 구원, 자기 회복의 모색으로 고호의 자화상 제작과 동일선상에서 이해해 본다. 그러나 자기 구원의 탐색은 운명적인 목소리에 철저히 순종하지 않는 한, 더욱이 현실에서 떠나 있을 때 자칫 현실 도피 혹은 관념적 서정의 범주로 해독될 수도 있다. 여기서 이상화의 감상적 현실 도피의 일면이나 김상용의 시 세계, 그리고 고대 시가로 관류해 내려오는 은둔적 정조(情調)를 떠올리게 됨은 이 시의 제5연과, 또한 같은 해에 쓴 다음 시구 때문인지도 모른다.

흰 자작나무 숲 속에 초막을 짓고
소박맞은 새댁같이 홀로 살고픈 마음에
온 일년내 메아리 소리 하나 없는 골을 찾다가

— <자작나무>에서

시 <과수원>이 우리로 하여금 의문을 품게 하는 또 하나의 시적 애매성은 '도깨비'의 출현이다. 시인은 전 5연 중 제4연을 제외한 모든 연에 도깨비를 등장시키고 있다.

도깨비도 무서워할 고목뿐인 올리브 숲이었지요.

제1연에서 처음으로 등장하는 도깨비는 무섭고 두려운 존재라는 보편적인 의미로, 올리브나무 우거진 과수원의 두렵고 불안한 공간 의식을 설명해 주는 수식적 역할을 하고 있다. 그러나 제 2연에서 내가 올리브나무가 되는, 대상과 자아의 동일시로 올리브나무 숲은 두렵지 않은 존재가 되며 도깨비가 가장 무서운 존재로 의미 전이되고 있다.

나도 가지에 벌레 먹은 과수원의 나무라고 생각합니다.
하니, 고목뿐인 이 숲이 도깨비보다 덜 무서워지는군요.

여기까지 무대 배경으로 등장하고 있던 도깨비는 중심 역할인 주인공의 내면 의지의 상징으로 변모한다.

> 어쩌면 내가 이런 숲을 생각하는지
> 나 자신 올리브 숲의 도깨비가 되고 싶은 모양입니다.

사물이 정령화(精靈化)되어 존재하게 된다고 믿어 오는 도깨비는 일반적으로 정신을 혼미하게 하고, 이성을 잃게 하며, 병들게 하거나 심지어는 목숨까지 빼앗는다고 전래되고 있어 공포·외포(畏怖)의 대상이 된다. 정령화된 사물에게서 압박되어 오는 불안이나 공포 의식, 혹은 혼(魂)을 빼앗긴 자의 첫 번째 소망은 정령화된 사물, 즉 도깨비와의 싸움에서 승리이며, 빼앗긴 혼을 되찾아오는 일뿐이다. 도깨비가 되고 싶다는 시인의 소망은 빼앗긴 혼을 되찾자는 혼의 자기 소유를 의미하는 자기 확인 내지 자기 회복의 모색이리라. 자신의 분열 증세를 두려워하던 고호가 그림 제작을 통해 자신을 투시하고 그 본질을 되찾으려는 땀흘림도 이 때문이리라. 그러나 도깨비는 신계(神界)도 인간계(人間界)도 아닌 제3의 존재에 지나지 않는다. 도깨비가 된다고 하여 자기 혼의 완전한 자유자(自由者)가 될 수는 없는 것이며, 따라서 도깨비의 발상은 자기 구원의 '미로'로 보인다.

고호의 예술 의식과 김원호의 시의식이 몸에 배어 있는 선천적인 탐미 의식 그리고 불안 의식의 공통점을 보유하고 있음을 확인하면서도, 김원호의 시 세계는 고호의 암울한 색채 분위기와는 달리 명쾌하며 산뜻한 여운을 남겨 준다. 그것은 김원호만이 지닐 수 있는 개성의 성향으로 고호적인 것으로부터의 해방이거나 도피가 될 수도 있고, 어둠과 밝음의 미의식으로 설명될 수도 있다. '고호, 도깨비, 고목, 불타다 남은 자리, 쓸쓸한 곳, 벌레 먹은 가지, 몸에 배인 병' 등이 '어둠'의 이미지라면, '물익은 과일, 이오니아 바다, 조용한 원색(原色), 단물 고인 과일나무, 달밤 등은 '밝음'의 이미지군이다. 어둠의 이미지에서 보여 주었던 불안 의식이나 병적 요소는 밝음의 이미지군을 통과하면서 여성적인 것으로 귀착되어 가고 있다. <과수원>에서 보이는 시인의 여성적 상상력은 <잔잔하고 푸른 먼>이 암유(暗喩)하는 고전적인 우아미의 동경이다. 이것을 복고적 회상 취향으로 말할 수 있다면 이는 이 시인에게는 물론 1960년대의 시사적(詩史的) 위치에서 전망해야 할 시적 과제이며 해명서이기도 할 것이다.

형태면과 운율면에서도 어둠과 밝음의 분위기가 교차된다. 시각적으로 보여 주는 산문체의 어두움은 부드러운 음률로 감미롭기까지 하다. 탁음이 배제된 시어, 종결어미의 신중한 배열에서, 일상 언어인 구어체로 공감대를 확대하는 등 리듬을 중시하는 시의식의 일면을 볼 수 있다. '아시는지요, 숲이었지요, 곳이었어요, 모양입니다' 등의 종결어미형에서 우리는 이 시의 모티프나 주제가 주는 무겁고 어둡고 남성적인 분위기와는 달리 여성적 분위기에 젖어든다.

제1연에서 '아시는지요'로 시작되는 겸손한 질문형은 그 뒤의 과거형 시제의 환기성과 함께 독자가 빈센트 반 고호의 화면(畵面)을 '상기'하며 곧 '몰입'하도록 도와주는 데 조금도 부족하지 않다. 슈타이거(Staiger)는 과거적인 시제를 모성 회귀적 서정으로 설명한다. <과수원>은 과거시제로 시작하여 현재, 미래의 복합적인 시간 구조를 나타내고 있다. 이는 모성 회귀적(과거시제), 직정적直情的(현재시제), 지향적志向的(미래) 서정의 포괄적이며 생동감 있는 상상력으로 볼 수 있다. 체험화법(Erleble Rede)과 '우리' 등의 언어 선택은 독자를 그의 체험이나 내면 세계와 동열(同列)에 가담하게 한다. 시형은 시정신의 필연성에 의해야 한다는 전제하에서 그의 두 시집에서 볼 수 있는 동화적(童話的)이거나 드라마적인 구성 전개나 유려한 운율은, 김원호 시의 주제인 육중한 무게를 밝고 신선하게 감싸면서 새로운 시대에 역동감 있게 뿌리내릴 수도 있지 않을까 생각된다.

참고 문헌

김원호. ≪시간의 바다≫. 장문사. 1968.

김원호. ≪불의 이야기≫. 장문사 1970.

김윤식. "'과수원'의 심미 의식," <시인>, 1969. 12.

김재홍. "김원호, 또는 유년 체험과 과거적 상상력의 아름다움," ≪이슬 속에서 만나는 연습≫. 동일출판사. 1981.

최인학. "도깨비의 민속학적 고찰," ≪성곡논총≫ 제10집, 1979.

볼프강 카이저. ≪언어예술작품론≫, 김윤섭 옮김. 대방출판사. 1982.

이일 엮음. ≪반 고호≫. 열화당. 1982.

≪ゴッホ≫. 現代美術世界全集 8巻. 集英社. 1979.

≪고갱/고흐≫. 현대미술전집 4권. 금성출판사. 1980.

유년 체험과 과거적 상상력*

김재홍 _ 문학평론가, 경희대 교수

1. 가족주의의 문제점

김원호의 시는 가족(친척)들이 청자(addresser)내지 객체(objet)로 나타난다는 점에 특징이 있다. 시 <달밤>에서 '누님'은 청자로, '당숙'과 '당숙모'는 사건의 객체로써 나타난다. 또한 '나'는 화자로서 시적 사건을 이끌어가고 감정을 표시하는 내레이터의 역할을 수행한다.

"누님, 생각나시는지요. 당숙이 끌려가던 그 밤이 생각나시는지요. 당숙모는 치마가 흘러내리는 것도 모르고 엎드려지며 동구밖으로 좇아가고, 호기심으로 저도 논틀밭틀을 건너 따라갔습니다……"라고 예시에서 보이듯이 '누님, 당숙, 당숙모, 나'의

* 출처: ≪이슬 속에서 만나는 연습≫, 동일출판사, 1981.

관계 설정은 극적 구조(dramatic plot)를 지닌다. '누님'은 관객에, '당숙, 당숙모'는 행위자에, 그리고 '나'는 해설자에 속하기 때문이다. 따라서 그의 시가 산문시로 씌어지고 시 속에 내용(message)을 간직할 수 있게 되는 것이다.

김원호 시에 등장하는 가족들은 '누님, 고모, 어머니, 할머니' 등 여자와 '아버지, 할아버지, 증조할아버지, 당숙' 등 남자로 성에 있어 비슷한 분포를 이룬다. 그러나 한편 아내, 장모 등 처가계의 가솔이 거의 등장하지 않고 친가계가 주로 나타나고 있는 것은 중요한 시사를 준다.

왜냐하면 애인, 아내가 상징하는 것은 이성적 애정, 즉 연애 감정에 의한 연시 성격을 내포함에 비해, 친가계가 의미하는 것은 역사적 삶으로서의 생활시 성격을 강하게 드러내기 때문이다. 실제로 그의 ≪시간의 바다≫(1968), ≪불의 이야기≫(1970) 등 초기 시집에 보이던 아내 상징의 서정적 연애 감정이 근년의 시편에서는 가족, 친척들에 대한 보편적 관심의 차원으로 변모해 있다. 이 점은 그의 관심이 너와 나만의 주관적 순수 서정에서 나와 너만이 아닌 가족과 친척 및 조상들과의 만남에 의해 객관적 정감의 세계로 확대되어 있음을 의미한다. 다시 말해 주관적 개인에서 관계적 개인 내지 역사적 개인으로 상승되어 있는 것이다. 따라서 그의 시에 등장하는 가족들은 대부분 수난과 한으로 상처받은 역사적 상징으로서 존재 의미를 지닌다. 예외적 개인(exceptional individuality)이 보편적 개인(universal individuality)으로 전이됨으로 개인적 감정의 공적 보편화(public generalization)를 성취하는 것이다. 이 점에서 남자는 역사의 수난자 혹은 시대적 개인의 전형으로 나타나며, 여자는 역사 혹은 남자에 의해 상처 받은 운명적 개인으로 전형화된다.

①

누님 생각나시는지요, 천장에서 마루 밑에서 숨어 살던 수염이 참대처럼 자란 당숙 말입니다. 붉은 완장을 찬 빨갱이 놈들이 하루에도 몇 차례씩 찾아와‥‥(방점은 필자. 이후 동일)

— <달밤>에서

②

추월색(秋月色) 읽기를 좋아하셨다는
한번도 뵌 적이 없는 증조할아버지를 생각한다.

— <감나무 밑에서>에서

③

금광을 하다 망한 후
기생첩 데리고
만주로 가서 소식 끊겼다는 할아버지

— <오입(誤入)>에서

구한말 군대해산 때
군복 입은 채 의병이 되어
홍주산성(洪州山城) 싸움에서 한 달을 버티다
연해주로 만주로 떠돌아 다녔다는 할아버지

— <삼국지를 읽으며>에서

④
의용군 징집을 피해
벽장 속에 숨은 아버지를 지키며

— <감나무 밑에서>에서

⑤
4 · 19때 경무대 앞에서
도망가던 부끄러운 나를
진땀을 흘리며 꿈속에서 보았네

— <행복한 잠>에서

시 ①은 6 · 25의 비극적 체험이 모티베이션이 된다. 역사의 수레바퀴에 깔린 희생된 당숙과 상처받은 당숙모, 그리고 심리적 상흔을 지닌 화자가 등장한다. 여기서 남자인 '당숙'은 역사적 수난의 객관적 상관물이며, '당숙모'는 '당숙'의 수난에 따른 운명적 한의 주인공이 된다. 이러한 남녀의 차이는 따라서 보수주의적인 가부장제 의식과 연결되게 된다. 시 ②에서 추월색과 '증조할아버지'의 관계 설정은 한말의 시대적 분위기를 암시한다. ③의 경우에는 '할아버지'에 대한 모순적 진술(금광, 기생첩, 의병)을 통해서 개화기 시대 정신의 양면성을 단적으로 드러내준다. ④의 경우도 '당숙'과 동시대적 체험을 겪은 '아버지'를 설정하여 6・25의 비극성을 강조한다. 또한 시 ⑤에서는 4・19 체험이 시의 전면에 자리잡고 있다. 이렇게 볼 때 남자는 역사의 주체 혹은 객체로서 설정되어 나의 발상과 전개 및 결구에 이르는 객관적 상관물이 된다.

> 된시앗보고 머리 싸매고 누워
> 햇볕에 절은 진간장처럼
> 독하게 이를 갈던 큰 고모가 생각난다
> 그 옆에 가리마 타고 얌전히 앉은 건
> 아이낳이 한번 해 보지 못하고
> 나이 삼십에 가슴 앓다 죽은 작은 고모
>
> — <세월>에서

> 그 후 당숙모는 염주알을 굴리며 이십 여 년이나 더 사시다 돌아가시고
>
> — <달밤>에서

비 오는 날이면
유성기를 틀어 놓고
할머니는 매화타령을 들으셨다.
사내들은 모두 오입장이지
한숨을 쉬며 뇌까리셨다.

— <오입>에서

예시에서 보듯이 여인들은 모두 상처받은 모습으로 나타난다. 특히 역사적 비극의 주변에서 남자들에 의해 상처받은 운명적 한의 주체로 표상된다. "군복 입은 채 의병이 되어 / 연해주로 만주로 떠돌아 다녔다는 할아버지 / 할머니는 풍편의 소식을 듣고 / 아라사 가까운 함경도로 팥죽장사를 다니셨다는데"(<삼국지를 읽으며>)라는 구절은 여필종부의 운명적 삶을 살아가는 전통적 여인상을 단적으로 보여 준다. 이러한 점에서 김원호의 시는 다분히 보수주의적 인생관을 갖고 있는 것으로 해석된다. 이 보수적 인생관 속에서 따뜻한 인간애가 자리잡고 있으며, 이 점에서 김원호의 가족주의는 역사 의식으로의 확대 가능성을 지닌다. 그러나 이것이 진정한 의미의 역사 의식이 되기에 부족한 것은 1인칭 화자를 통해 이야기를 끌어감으로 해서 시인의 의식 속으로 잠재화 혹은 추상화해 버리기 때문이다. 이 점에서 그의 시가 보편적인 힘으로서의 역사 의식을 획득하지 못하고 서정적 개인화로 떨어져 설득력이 약화되는 것이다. 화자 내지 시점의 다양화를 통해 이러한 역사 감각이 단순히 소재나 배경으로서의 단순한 역사 취미가 아닌, 역사를 꿰뚫어 보고 현실을 날카롭게 직시하며 미래를 투시해 낼 수 있는 진정한 역사 의식(consciousness of history)으로 고양되어야 할 것이다. 현대시의 지나친 개인화 내지 편벽화에서 한 걸음 더 나아가서 역사의식에 바탕을 둔 전통적인 가족 질서와 서정의 탄력 있는 결합을 통해 시적 넓이와 깊이를 더해 갈 수 있어야 한다. 전통적 가족주의의 소중한 회복은 바로 역사 속의 개인의 중요성을 확인하는 것이기 때문이다.

2. 유년 체험과 순수 의식

김원호 시의 또 다른 특징은 그의 시가 유년 체험을 바탕으로 동화적 순수함 또는 휴머니즘적 동경을 보여 준다는 점에 있다.

그의 가족주의가 강조하는 질서와 전통의 소중함에 대한 인식과 함께 유년 체험의 순수의식은 아름다운 서정이 시의 본도임을 확인해 줌으로써 시적 친근감을 유발하는 동인이 된다.

그의 시에 등장하는 유년체험은 일상적 소재와 결합되어 나타난다. '달밤, 시냇가, 논틀밭틀, 감나무, 마당, 조약돌, 멍석, 오솔길' 등의 전원적 소재와 함께 '숨바꼭질, 기둥시계 소리,

유성기, 사진첩, 짝사랑, 자장가, 옥양목 두루마기, 훔친 새알, 연, 제삿날' 등과 같은 손때 묻은 추억이 용해되어 아름다운 회상의 미학을 형성하는 것이다. 특히 '한식, 격자창, 산소, 제사 등 토속적 정감이 '교회, 유성기, 비행기' 등의 외래적 뉘앙스와 갈등을 일으키지 않는 것은 김원호의 시 의식이 화해와 긍정의 세계관에 자리잡고 있기 때문임을 말해 준다. 따라서 그의 시는 착한 것, 약한 것, 쓸쓸한 것, 외로운 것, 흘러간 것, 잃어버린 것 등 과거적, 낙하적 상상력에 바탕을 두게 된다.

"씁쓸히 웃던 고모 모습이 떠오른다"(<세월>), "이십 년 전 처음 찾아뵌 / 이조(李朝)의 마지막 선비 / 조지훈 선생을 생각한다>"(<만남>), "시끄러운 젊은이들 틈에 끼어 누군가를 기다리는 태을다방(太乙茶房)에 어울리지 않는 쓸쓸한 노인을 보네"(<태을다방>) 등의 구절들은 이러한 과거적 상상력의 모습을 단독적으로 보여 준다. 여기에 김원호의 현실 인식의 태도와 그 문제점이 선명히 드러난다.

오늘도 어지러운 신문을 들치다
머리말의 삼국지를 집어든다

'난세엔 삼국지를 읽어라
할아버지의 말씀이 생각난다.

— <삼국지를 읽으며>에서

감나무 밑에
병아리처럼 숨어
작은 가슴을 할딱이며
날개 뜯어버린 잠자리를
몰래 훔친 새알을 생각하고
하늘을 향해 잘못을 빌고 또 빌었다.

그 후 나이 들어
무엇이 나를 흔들리게 하였나

독한 술을 마시고
여자를 울리고
딱한 눈망울을 굴려 세상을 바라보고

— <감나무 밑에서>에서

김원호에 있어 현실은 어두운 것, 어지러운 것, 못마땅한 것 등 부정적인 것으로 나타난다. 현실은 어딘지 어울리지 않는 것으로서 시인 자신에게 위화적 갈등을 불러일으키는 장소인 것이다. 그러므로 더욱 과거 지향의 편향성을 지닐 수밖에 없으며, 이런 점에서 현실 패배 내지 복고 취미라는 비판을 감내할 수밖에 없을 것이다.

행복한 잠을 자고 싶네
유년시절의 자장가를 들으면서
따뜻한 어머니의 자궁 속에서
깨지 않는 영원한 꿈을 꾸고 싶네

— <행복한 잠>에서

전쟁은 아직도 제 안에 계속되고 있습니다. 그러나 자식들에게 달밤은 아름다운 밤이기를, 영원히 정다운 얘기로 꾸며지기를 간절히 바랍니다. 누님.

—<달밤>에서

그러나 그의 시는 현실 패배 내지 도피라는 비난을 퍼붓기에는 온당하지 않을 정도로 순결한 꿈과 동경을 노래하고 있다. 오히려 순수의 무한한 아름다움을 간직하고 있는 것이다.

<어머니의 자궁>이라는 모성 회귀와 '자식들에게는 아름다운 달밤을'이라는 미래에 대한 소망을 잃지 않음으로써 삶에 대한 용기와 신념을 얻는 것이다. 실상 그리운 곳, 따뜻한 곳, 영원한 곳으로서 어머니와 동심은 순수의 힘과 활력을 제공하는 생의 원천이 되기 때문이다. 또한 이러한 순수한 것에 대한 동경과 갈망은 '시를 쓰는 행위'로 변용되어 나타난다.

일어서는 나무가 되기 위해 시를 썼다.
시는 햇빛이 되어 비추기를 간절히 바랐다.
한 편의 시를 위해 밤을 새우며
그래도
혼자 가슴 설레는 행복감에 잠긴다.

— <오입>에서

여기에서 시를 쓰는 행위는 현실적 삶의 어려움과 괴로움을 극복하려는 안간힘으로 나타난다. 일종의 자기 구원의 의미를 지닌다는 점에서 우리는 윤동주의 삶과 시를 떠올릴 수 있다. 실상 김원호의 많은 시편에서 드러나는 자기 고백적인 부끄러움과 결벽증, 그리고 현실에 대한 부적응성과 모성 회귀적 서정의 부드러운 선성은 윤동주의 그것과 별 차이가 없음을 알 수 있다. 식민지하에서 시를 통한 자기 고백과 성찰이 윤동주의 실존적 삶을 지탱한 힘이 되었듯이, 상처 많은 역사와 혼탁한 현실의 어려움을 살아가는 김원호에게도 시를 쓰는 행위와 그를 통한 자기 성찰은 현실 극복의 힘을 제공해 주는 것이다. 이런 점에서 이러한 과거적 상상력이 단순한 회상의 미학이나 복고취미로 떨어지지 않기 위해서는 한정된 인간사에 국한되지 말고 무한한 자연사로의 시야 확대를 모색해야 할 것이다. 인간사에 관한 지나친 회상적 몰두는 자칫 유형화된 역사 인식과 감상주의로

전락할 염려가 있기 때문이다. 인간사와 자연사에 관한 화응과 갈등에 대한 서정적이면서도 지적인 투시를 통해 시인은 비로소 시적 넓이와 깊이를 획득할 수 있는 것이다.

3. 김원호, 그 미래완료의 장

무엇보다 김원호 시의 매력은 친근한 소재와 평이한 어법, 행간 사이에 자리잡고 있는 담담한 여유와 눈길의 따뜻함에 있다. 애써 부정하고 절규하는 작위적 제스추어를 취하거나 난해한 실험과 모색으로 독자를 당황하게 만들지도 않는다. 상처받은 역사, 괴로운 지난 날들의 아픔을 어루만지며 오히려 그것들이 아름다운 것, 그리운 것으로 살아남아 현실을 살아가는 힘이 되기를 소망한다. 또한 어지러운 곳으로서의 현실이지만 미래에의 꿈을 간직함으로써 삶의 어려움을 극복하려 노력한다.

이런 점에서 그의 시 속에서 주류를 이루는 과거적 상상력이 현실에 대한 관심과 미래에 대한 소망으로 더욱 확대되어 팽팽한 시적 긴장 관계를 성취해야 할 필요성이 놓여진다. 그의 천부적인 서정과 휴머니즘이 좀더 현실 감각과 미래 의식으로 고양되는 데서 그의 시가 더욱 설득력을 획득할 수 있기 때문이다. 이런 점에서 무엇보다 그의 지나친 가족주의는 지양될 필요가 있다

할아버지, 증조할아버지, 할머니 등 시적 주체의 가족화는 몰개성의 편협성을 초래할 우려가 있기 때문이다. 이웃과 사회와의 대응 관계에서 가족주의가 보편적 설득력을 지닐 수 있게 됨은 물론이다. 그러나 시가 가족화하는 것과 더불어 인물이 전형화되는 점도 경계해야 한다.

또한 인물이 전형화됨에 따라 역사적 사건도 지나치게 단순화되어 공감을 감소시키는 요인이 된다. 그의 시에 등장하는 '의병, 6 · 25, 4 · 19, 월남전쟁' 등 무수한 역사적 소재들이 단순히 배경으로 처리됨으로써 진정한 역사 의식으로 고양되는 데까지 못 미치고 있는 것이다. 이 점에서 시적 주체 내지 인물의 보편화와 함께 역사적 사건을 특수화하고 개별화하는 문제가 진지하게 고려되어야 한다.

아울러 시점 내지 화자의 인칭 문제도 지적할 수 있다. 화자와 시점이 1인칭 '나'로 주관화되고 고정화되어 시적 사건의 전개와 해석의 확대 가능성을 저해하는 것이다. 시점의 고정화와 주관화는 관심의 축소와 편견을 초래하는 동시에 심리적 반감을 유발하는 원인이 될 수 있다는 점에서 시정될 필요가 있다. 가뜩이나 가족사 중심으로 시세계가 한정된 경향이 있는데다 시점이 1인칭으로 고정됨으로써 시적 인식의 확대와 심화에 부정적 영향을 미치는 것이다.

김원호는 확실히 전통적인 시정신과 질서 의식에 깊이 침윤된 시인이다. 실상 그의 시가 성취해낸 가족적 질서와 과거적 상상력, 그리고 서정의 아름다움과 따뜻함은 근년의 시단에서 독자적인 위치를 지니기에 부족하지 않다. 그럼에도 그의 시는 시적 관심의 지나친 제한성으로 인해 그의 시가 지닌 매력과 장점을 충분히 인정받지 못하고 있다. 진실로 훌륭한 시인은 전통적인 시방법과 정신의 질서를 지키면서도 끊임없이 자기를 파괴하고 변모하여 사상과 정서의 확대와 심화에 힘을 가울여야 한다. 아직 김원호는 안주할 시기가 아니다. 좀 더 갈등하고 분투하여 시정신과 기법을 확대하여 나가야 한다. 바로 지금 이 시점이 그의 새로운 비약과 변모가 이루어져야 하는 운명의 지점인 것이다.

실존의 시화(詩話)*

윤재근 _ 문학평론가, 한양대 명예교수

시인으로서 김원호는 '밀려오는 물결'과 맞선다고 고해(告解)한다. 그 맞섬에 혼자서 땀을 흘린다고 자인한다. 동시에 '녹슨 검'이나마 휘둘러야 하는 '낯선 얼굴'을 본다고 자술하고 있다.

'물결'이 밀려오므로 김원호는 시를 만들어야 하고 시로써 그 밀려옴과 부딪쳐야 하므로 혼자서 '땀'을 흘려야 하며 또한 그 밀려옴에서 김원호는 '나'라는 존재가 실존이었음을 확인하고 그 존재를 실존적으로 해체할 수밖에 없으니 '녹슨 검'을 휘둘러야 한다는 것을 시로써 확인하고 있다. 말하자면 김원호의 시편들은 그 '녹슨 검'으로 저미어 내놓은 '나'라는 존재의 단편들이다.

김원호의 시를 대하면 '나'라는 존재는 '나'로서 있었던 실존의 유산임을 체험하게 된다. 즉 실존함으로써 존재가 확보된다는

* 출처: 김원호 시집, ≪행복한 잠≫, 예전사, 1984.

것을 김원호의 시는 말하고 있다. 실존이 없으면 존재의 역사가 불가능함을 그의 시가 암시하는 셈이다. 이러한 암시가 그의 시가 갖는 일관된 표현성이다. 김원호의 시에서 '나'는 그 암시를 체험하도록 시 속의 언어들이 짜여져 있다.

시인으로서 김원호는 시의 언어를 은유보다는 환유(metonymy)로써 질료화하고 있음을 그의 시에서 보여 준다. 그러므로 그의 시에서 언어의 표현기능은 지각의 연상(perceptive association)에 의존하는 쪽보다 지각의 사유(perceptive thinking)에 치중하고 있음을 말해 준다. 왜냐 하면 그의 시를 구조하고 있는 시상(poetic image)들은 인과 관계(causality)를 요구하고 있기 때문이다. 여기서 체험하는 것으로 만족할 것이 아니라 체험을 생각해 보아야 한다는 관점을 김원호의 시가 요구한다는 것을 이해하게 된다.

김원호의 시는 환유적인 시상들을 위주로 구조되어 있기 때문에 시상의 전개가 압축된 하나의 단막극처럼 짜여져 한 편의 시로서 정착된다. 이는 시의 운율로써 시 형식을 시도하는 것이 아니라 시상(poetic thought)의 전개를 인과 관계로써 의식하는 양식으로 대체시키려고 함을 말해 준다. 그의 시는 바로 의식을 해야 하는 현장이며 그 현장은 언제나 시간성을 배경으로 짜여 있다.

김원호의 시는 기억하게 함으로써 의식을 자극시킨다. 그의 시에 등장하는 '나'에게 현재적인 사물들이 기억의 흔적들로

접해진다. 그런 접촉은 다시 '나'에게 가장 친밀한 인간들과 연관된다. 물론 시에 등장된 모든 사물은 시상으로써 활용되어 있으며 그것들은 언제나 '나'의 친족들을 상기시켜 기억을 의식하게 한다. 김원호의 시에서 '나'는 한사코 과거의 것들을 되살려 의식하려고 한다.

기억들을 의식함으로써 시 속의 '나'는 실존할 수 있는 실마리를 찾는다. 왜냐하면 그 '나'는 자신을 아프게 하는 숨은 상처들을 모른척하면서 존재의 실존을 확보할 수 없는 까닭이다. 그러므로 김원호 시에서 '나'는 그 상처를 망각할 것이 아니라 부딪침으로써 자유를 성취하려고 한다. 그 성취를 위하여 '나'는 "낙엽을 긁어 모아 / 나의 욕망을 태운다 / 바람에 싸여 떠도는 / 헛된 약속의 말을 태운다 / 잔잔히 속삭이는 햇빛 속에 / 늙어버린 나를 찾아본다 / 사위어 가는 잿더미를 보며/나는 이제 자유롭다." 이처럼 '나'의 존재(Being)는 '나'를 한사코 결정지워 두려고 하나 '나'의 실존이 받아들이지 않는다. '나'에게 실존(existance)은 자유이어야 한다. 그 자유로써 '나'는 그침 없이 자신을 형성해 가야 한다. 그러나 그 형성(Becoming)이 상처받고 있음을 '나'는 알아 왔다. 무엇이 '나'를 상처받게 하는가? 한사코 김원호의 시편들은 이 점을 진단하도록 '나'로 하여금 삶을 의식하게 한다. '나'에게 그러한 의식들이 '밀려오는 물결'처럼, 또는 '낙엽'처럼 김원호의 시 세계에서 형상화된다. 말하자면 김원호 시의 언어들은 과거를 태워 버리기 위하여 그 과거를 '나'로 하여금 생각하도록 한다. 과거의 생각이 의식으로 등장됨으로써 현재에도 여전히 있는 삶의 고통들을 부딪치고 이겨낼 수 있는 근거를 김원호 시의 '나'는 찾을 수 있다고 생각한다. 여기서 김원호 시가 왜 시상의 조형을 현재에서 과거로 향하게 하는 시간성을 택하고 있는지를 알게 된다. 이러한 시간성이야말로 '나'라는 존재와 실존을 필연적으로 인과시켜 주는 장치인 것이다. 시인으로서 김원호는 시로써 그 장치를 조형하려고 한다.

그러므로 김원호 시의 장치는 의식하는 현재가 삶의 자유를 주어서 부자유의 과거를 의식하게 하려는 것이 아니라 현재의 사물들 역시 '나'의 삶을 부자유로써 얽매이게 하고 있음을 의식하게 한다. 과연 인간은 자신의 존재를 행복한 실존 상태로 유지시키려고 하는가에 대하여 끊임없이 김원호의 시편들은 되묻고 있는 셈이다. 그리고 그의 시들은 행복한 적이 한 번도 없었던 인간이므로 행복을 보장한다는 '헛된 약속의 말'보다 차라리 인간의 불행을 사랑할 줄 앎으로써 실존 부정(實存否定)의 위기를 부딪쳐 내는 비밀을 보이려고 한다. 이 비밀에서 상처받고 있는 현재의 실존이 존재해야 하는 '나'를 유지케 한다. 왜냐하면 '나'는 지금 철저하게 불행한 실존 상태에 있는 존재이기 때문이다.

삶을 부정하려는 모든 것들이 과거에만 있었고 현재에는

완전히 소멸되어 있다는 김원호 시의 '나'는 과거의 그 부정(否定)들을 기억하지 않을 것이다. 오히려 미래에 기대를 걸는지도 모른다. 그러나 과거에 그 부정들이 있었던 것처럼 지금도 '나' 모르는 사이에서 음모되고 있음을 '나'는 무시로 생각한다. 이것은 분명히 내적인 강박관념이기도 하다. 이러한 강박관념이 '나'를 불행한 실존 상태로 몰아간다. 그러나 '나'는 자신의 존재와 실존을 가누어 가야 한다. 이러한 내적인 몸부림이 김원호의 시를 쓸쓸하고 참담하고 감미롭게 아픈 분위기로 끌고 간다. 여기서 그의 시들은 가을의 심정 같은 시정(詩情)을 간직한다.

김원호 시에서 '나'는 어떻게 그 강박관념을 벗어나 자유의 실존을 차지할 것인가? 수시로 직핍해 오는 삶의 부정(否定)들을 과감하게 거부하기 위하여 칼을 갈아야 할 것인가? 아니면 좌절하고 체념하며 무조건 그 부정에 순종하면서 '나'는 '나'를 포기해야 하는 것일까? 아니다. '나'는 '녹슨 검'이라도 휘둘러보아야 한다. '나'는 존재해야 하고 존재를 유지하기 위하여 실존을 고집스럽게 다져 가야 하기 때문이다. 그러기 위해서 '녹슨 검'이라도 찾아야 한다. 어디서 '나'는 그 '검'을 찾을 것인가? 김원호의 시편들은 그 '검'을 찾아내는 확실한 현장으로 '나'에게 등장한다.

시인으로서 김원호는 '나'에게 확실하게 그 '검'을 찾도록 한다. 이를 위해 '나'는 사물들을 순수하게 지각해야 한다. 물론

이러한 사물들이 시의 언어이며 시인에 의해서 표현의 질료가 된다. 그 질료의 기능이 의미를 형상화하므로 사물의 낱말을 시상(poetic image)이라고 한다. 시인이란 무수한 사물의 낱말들에서 시상을 구체화할 시상을 찾아서 시상들을 구조하는 사람이다. 그러므로 시인은 시상의 구조를 만들어 내는 행위를 한다. 이러한 행위 때문에 시는 어떤 의미를 전달하는 것이 아니라 생성하게 한다. 시인으로서 김원호는 시 속에 '나'로 하여금 사물을 지각하게 함으로써 그 '검력(劒力)'을 찾게 한다. 사물을 지각하면 의미는 생성되게 마련이다. 의미의 생성이 지속될 때 의식은 따라서 작용한다. 이러한 작용을 언어로써 어떻게 포착하느냐에 따라서 시인마다의 창작 개성을 갖추게 된다. 김원호의 시편들은 사물의 현재적인 지각을 치밀하게 과거의 기억들로 향하게 한다. 이는 사물을 지각함으로써 이미 의식했었으나 기억되어진 것들을 다시 의식하여 생각하도록 시 속의 '나'를 연출시킨다. 이러한 연출이 시인 김원호가 만들어낸 의미 생성의 포착 기교에 해당한다. 말하자면 그는 시 속의 '나'로 하여금 의미 생성의 포착에서 '나'의 존재와 실존을 유지케 할 '검'을 찾게 한다.

'나'는 그 '검'을 의식 속에 잠복된 과거의 사실들에서 찾는다. 그 사실들은 행복한 삶을 무참하게 유린했던 부정(否定)들을 '나'에게 의식시킨다. 이것은 분명히 구체적인 역사로 등장한다. 그것은 삶을 유린했던 부정들이 '나'의 친족들을 앗아갔기 때문이다.

김원호의 시에서 '나'는 어떻게 살다가 어떻게 죽어가야 했었던가를 확인하려고 할아버지를 생각하고 할머니를 생각한다. 아버지와 어머니를 생각해야 하고 삼촌과 고모를 생각해야 한다. 누나를 생각해야 하고 형과 형수를 생각해야 한다. 이러한 생각들에서 '나'는 무엇이 인간의 존재와 실존의 자유를 부정하고 유린하는가를 확인할 수가 있다. 이러한 확인 과정이 '검'을 '나' 자신이 구체적으로 찾아낼 수 있는 행위인 것이다. 즉 김원호 시의 '나'는 "죽은 이의 이름을 하나씩 / 짐승처럼 크게 외쳐 보았다." 그리고 산다는 것을 확인하기 위하여 '나'는 다음처럼 되어야 한다. "나는 누구를 기다리며 / 조금씩 귀신이 되어 가고 있었다." '나'는 삶의 현재를 직핍하여 의식하지 않고 과거를 통하여 그 현재를 묵시적으로 암시한다. 그러므로 '나'는 '귀신'이 돼야 한다.

그러나 '나' 자신이 '귀신'이 되고 싶어서 '귀신'이 되는 것은 아니다. '나'에게 죽음의 연속으로 지각되어 오는 과거를 거부할 수 없는 위기감을 언제나 '나'는 벗어나지 못하는 까닭이다. 죽어 간 자들이 어떻게 죽어 갔느냐를 돌이켜 보면 인간의 존재와 실존이 어떻게 부정당하고 유린되는가를 검증할 수 있기 때문에 '나'는 한사코 '귀신'이 되어 친족과 사자(死者)들을 사물에서 지각해야 하고 인식해야 한다. 그러므로 김원호 시에서

'나'의 기억들은 '나'로 하여금 '녹슨 검'을 휘두르게 한다. 여기서 김원호 시의 시상이 구조되는 특징을 살필 수 있게 된다. 그 구조의 특징은 면밀하게 짜여져 느낌과 사유와 판단을 함께 가능하도록 하는데서 찾아진다. 말하자면 사자들이 '나'로 하여금 의식하게 하는 그 참담한 기억들은 '나'에게 존재와 실존을 현재와 마주치게 하는 것으로 김원호 시의 시상은 전개된다.

시인으로서 김원호가 갖추고 있는 작시(作詩)의 개성은 시상의 전개를 의식의 현장이 되도록 언어를 구조하여 시행을 결정하고 시연을 지어서 하나의 시를 완결하는 데 있다. 시로써 허세를 부린다거나 시류적인 관심에 맞춘다거나 시를 어떤 목적 지향의 한계 안에 묶어 두려는 시도를 김원호는 하지 않는다. 김원호의 시를 보면 시인이 시를 이용해서는 안 된다고 믿어지는 시 관점을 시인으로서 그가 간직하고 있음을 그의 시편들이 말해 준다. 시인으로서 김원호에게는 작시(作詩)의 객기가 없다. 이러하기 때문에 김원호의 시편들은 산뜻한 시상을 갖추어 진솔한 시 체험을 가능하게 한다.

시인의 양심이란 자신이 만든 시에서 자신이 떠날 줄 아는 데 있다. 시인의 궁극적인 존재 이유는 언어를 어떤 결정론의 한계로부터 해방시켜 주는 데 있다. 언어의 해방된 자유를 사랑할 줄 아는 자만이 숨이 긴 시를 남긴다. 이러한 시인은 언어를 어떤 개념의 존재로부터 벗어나게 하여 의미의 실존이 되어야 하는 미적 질료(aesthetic material)의 비밀을 갖게 함으로써 시를 하나의 잠겨진 자물쇠처럼 구조해 둔다. 그리고 그 시인은 그 자물쇠를 여는 열쇠를 갖지 않는다. 왜냐하면 시라는 자물쇠를 여는 열쇠는 하나일 수가 없음을 그 시인은 알고 있기 때문이다. 말하자면 시인의 궁극적인 양심은 열쇠를 탐하지 않는 데 있다. 시인으로서 김원호가 그 열쇠를 탐하지 않으려는 징후들을 그의 시편들이 말하고 있는 까닭에 김원호의 작시 행위는 정직하게 나타나게 된다.

시인이 자신의 시에서 어떤 뜻을 강요한다면 그 뜻은 무엇이든 하나의 개념에 속할 뿐이다. 극히 현재적이거나 상황적인 것은 시간이 지나면 하나의 개념으로 소멸해 버린다. 시는 시간과 의식이 하나의 시대로 대변되는 것을 거부한다. 시는 체험을 미적 실존(aesthetic existence)으로 이끌어야 하는 까닭이다. 언어의 실존이라 무엇인가? 실존한다는 것은 변용의 가치가 되는 것이다(To exist is to be the value of a variable). 러셀(B. Russel)의 이러한 지적에서 실존하는 언어의 성질을 알 수 있으며 또한 맹자가 시를 두고 말했던 '이의역지(以意逆志)'에서도 그 성질을 알 수가 있다. 그러므로 언어의 실존은 시인이 시에서 떠날 줄 아는 데서 보장된다. 이 점을 시인으로서 김원호는 알고 있는 모양이다. 왜냐 하면 김원호 시 속의 '나'는 우리 모두에게 감추어져 있는 아픈 상처를 진맥할 수 있는 계기를 마련해 주기 때문이다.

시인으로서 김원호는 왜 '밀려오는 물결'과 맞서야 하는가? 그리고 왜 그는 '녹슨 검'을 휘둘러야 하는가? 자신이 만들어 놓은 시 속의 '나'로 하여금 우리 모두의 아픈 '과거'로 한 번쯤 되돌아가 상실된 '햇빛'을 찾아야 하는 생존의 말씀을 듣게 하는 '귀신'이 되도록 언어를 구조해야 하는 까닭에 시로써 김원호는 '밀려오는 물결'에 맞서고 '녹슨 검'을 휘둘러야 한다. 이것이 시인으로서 김원호가 묵시하는 작시(作詩)의 동기가 된다.

위와 같은 동기에서 만들어진 그의 시편들은 우리 모두가 함께 쓸 수 있는 자물쇠가 되어 있고 우리 모두가 함께 열 수 있는 열쇠를 허락한다. 인간이란 누구나 존재가 부정되고 그 존재의 실존이 부정되는 모든 것들을 두려워하고 공포의 사슬에서 벗어나려는 소망을 갖는다. 이러한 소망에서 시를 여는 열쇠를 저마다 갖는다. 김원호의 시편들은 이러한 소망을 '햇빛'이란 시상으로 수렴하고 있다.

> 아들과 나는 한 마리씩 공중으로 학을 날렸습니다.
> 그때 우리는 보았습니다.
> 햇빛을 따라 날아오르는 학을
> 푸른 하늘을 향해 일제히 날개를 펴는 학의 모습을 말입니다.
>
> — <종이학> 끝부분

김원호 시 속의 '나'는 왜 날마다 종이로 학을 접어야 할까? 그 '나'는 '행복한 잠'을 소망하는 까닭이다. '행복한 잠'이란 행복한 삶인 것이며 그 행복한 삶이란 존재의 자유가 삶의 실존과 어긋나자 말아야 가능해진다. 그러나 시 속의 '나'는 왜 그 행복한 잠을 이룰 수 없는가?

벽은 낡아 부수수 떨어지고
침묵은 내 목소리를 빨아들이고
뜨락엔 햇빛만이 속삭이는
그 낡은 폐가(廢家)에서
나는 누구를 기다리며
조금씩 귀신이 되어 가고 있었다.

— <폐가> 끝연

위와 같이 시 속의 '나'는 '뜨락'의 '햇빛'을 받지 못하는 '폐가'속의 '귀신'이 되어 있음으로 그 '나'는 행복하게 잠을 이루지 못한다. 어떻게 살다가 왜 죽어져야 되었던가를 친족들에게 물어보기 위하여 '나'는 '귀신'이 되어야 한다. 이는 시 속의 '나'와 더불어 '이들'은 "푸른 하늘을 향해," "햇빛을 따라 날아오르는 학"과 같은 삶을 부정당할 수도 없고 유린당할 수 없다는 역설의 암시이다. 시인 김원호는 위와 같은 암시의 의미 변용을 하는 시들을 만들기 위하여 시 속의 '나'로 하여금 존재를 보장하는 실존의 자유를 역설하게 한다.

시인과 그의 그림자*

— 김원호의 상상적 우주

이가림 _ 시인, 인하대 교수

1960년대 <신춘시> 시절부터 김원호의 가장 은밀한 내면적 부분까지 자주 훔쳐보아 온 사람 중의 하나로서 그의 시에 대한 공정한 평가 같은 것을 내리기에는 다소 알맞지 않은 위치에서 이 글을 쓴다는 것을 우선 밝히지 않을 수 없다. 왜냐하면 그의 시작품보다는 인간적 면모에 더 가까이 다가서 있었으며 그와는 어떤 우정 때문에 정당하고 객관적인 비평을 방해할지도 모른다는 한가닥 우려에서 하는 말이다. 그러나 한 시인의 세계를 알아내는 데 있어서 과학적 비평의 객관성 못지않게 인간적 깊이에의 접근 또한 중요한 몫을 차지할 수 있다는 것을 동시에 덧붙이지 않을 수 없다.

* 출처: ≪오늘의 시인들≫, 탐구당, 1981.

김원호는 그의 외모에서 풍기는 단정함만큼이나 차분하고 정교한 시를 써 온 장인 기질의 시인이다. 그의 데뷔작 <과수원>(1959)에서부터 최근작 <외가집>(1979)에 이르기까지 거의 20여 년에 걸친 시의 도정(道程)을 통해서 엿볼 수 있는 것은 흐트러지지 않는 언어의 소박성과 단아함이다. 대체로 젊은 시인들이 흘러넘치는 감정의 과잉을 주체하지 못하고 그것을 난폭한 외침으로 폭발시켜 버리는 데 비해, 그는 언어의 빛깔과 소리, 시적 형태의 단단한 구축에 상당히 세심한 주의를 기울인다.

너무 지나친 실험 의식에 사로잡히거나 의욕적인 주제의 무게에 짓눌려 버리는 일이 없이 그의 시는 부드러운 어조를 언제나 유지하고 있다. 우선 외면적 형태에서 볼 때, 그의 시의 종결어미가 대부분 '……입니다,' '……였네,' '……이어요,' '……했지' 등의 조심스러운 존칭으로 끝나고 있는 점을 주목할 수 있다.

어쩌면 내가 이런 숲을 생각하는지
나 자신 올리브 숲의 도깨비가 되고 싶은 모양입니다.

— <과수원>에서

꿀벌이 날아들던
밤나무 숲

오후 여섯 시
우리의 전장(戰場)은 처절하였네.

— <전쟁이 끝나면>에서

긴 겨울을 포경선에서 지내고 돌아오신 아저씨 무릎에 앉아 요정보다
더 재미나고 무서운 얘기를 듣고 싶어요.

— <아저씨>에서

장미 향기와 안개 속에
얼굴을 가리고
밤새 수런대는 바다
손을 뻗치면 잡을 수 있는
가까운 거리에 그는 조용히 웃고 있네.

— <영원한 여자>에서

김원호 자신이 뽑은 13편의 작품 가운데서 무려 8편의 작품이 이상에서 볼 수 있는 바와 같은 종결어미를 사용하고 있다는 것은 우연한 일이 아닐 것이다. 이것은 시인의 어떤 기질, 달리 말해서 꺼끌꺼끌하고 상스런 말씨를 감히 쓰지 못하는 선의(bonne volonté)의 사람의 성격을 반영하는 것이라 하겠다. 김수영의 후기 시 같은 데서 볼 수 있는 상스런 언어의 과감한 사용에 견주어 볼 때, 김원호의 언어가 얼마나 정결하고 얌전한 낱말들을

골라 썼는가를 짐작할 수 있다. 다소 사치스럽기까지 하다고 말해도 지나친 말은 아닐 것이다. 아무튼 김원호 시의 한 주요한 특징을 나타내는 이와 같은 말투는 우락부락하고 거친 말투보다는 무엇인가 우아한 맛을 느끼게 한다. 그의 시가 어떤 어두운 현실적 상황이나 사물 또는 또한 인간 감정의 무늬를 관념어로 묘사하고 설명하려는 경향을 띠고 있음에도 불구하고 한결같이 상냥한 노래의 성격을 지니고 있는 것은 이 때문일 것이다. 그러기에 아무리 고통스런 상처와 갈등의 일그러짐을 주제로 다룰 때일지라도 김원호의 시적 어조는 언제나 부드러운 아름다움을 잃어버리는 일이 없다.

가령 '모포를 쓰고 숨죽여 울던 이등병 시절'의 외로운 밤에 그려보는 따스한 것에의 그리움(<불면의 밤에>), 모든 것이 잿더미가 되고 망가져 버린 전쟁의 참혹함 속에서도 눈부신 사랑과 평화의 환상을 버리지 않는 의지(<전쟁이 끝나면>), 결코 망각 속에 파묻어 버릴 수 없는 어린 시절의 기억(<아저씨>, <유월에>, <백항아리>, <외가집>), 상호 대립적인 항으로 설정된 것들 사이의 자연스런 화해(<불의 이야기>, <장미薔薇의 온도>, <영원한 여자>, <돌담을 쌓으며>) 등의 김원호적 세계가 사실에 있어서 인간의 비극적 고뇌를 담고 있으면서도 밝음의 이미지로 가득 차 있음을 보게 된다. 다시 말하면 김원호는 괴로운 내면적 고통을 어둡게, 그리고 난폭하게 그냥 쏟아 버리는 것이 아니라 절제된 형식의 틀 속에 하나하나 재구성하는 것이다. 그의 삶의 고통과 슬픔을 성미 급한 시인처럼 마구 째진 목소리로 외치지 않는다. 마치 자신이 부딪치는 삶의 고통과 슬픔을 즐기기라도 하는 양 차분한 목소리로 노래해 나가는 것이다.

김원호의 거의 모든 시편들 속에는 산문적인 의미로서의 이야기(discours), 즉 시인 자신의 투영이기도 한 페르소나(나)의 이야기가 숨어 있다. 그의 시는 자신을 둘러싸고 있는 세계의 현상에 대해서 순전히 회화적으로만 묘사하는 이미지스트의 즉물적 시가 아니라 따스한 체온을 지닌 페르소나가 주인공으로 등장하는 인간적 시이다. 그렇기 때문에 그의 시에는 '나'가 주어로서 번번이 쓰이게 된다. 그렇지만 시 속에 쓰여지는 '나'는 김원호 자신을 한정적으로 가리키는 것만은 아니다. 그것은 시적 페르소나로서의 역할을 하는 '나', 즉 객관적 3인칭의 화자 역할을 하는 '나'인 것이다. 좀 더 자세히 말해 본다면, 시인 자신과 시적 페르소나로서의 '나' 사이에는 긴밀한 대응 관계를 갖는 것이면서 동시에 별개의 독립적인 의미를 갖는 것이라 할 수 있다. 시에 등장하는 페르소나로서의 '나'는 실존하는 시인 자신과 깊은 분신 관계(double)에 있는 그림자, 즉 시인 자신의 내면적 초상의 반영일 것이다. 그만큼 그의 시에는 개인적 체험의 각인이 강하게 찍혀 있다. 그러나 그러한 체험의 사실이 사적 차원의 감상적 수준에 머무르지 않고 어디까지나 인간의 보편적 차원으로 확대되어 있음을 볼 수 있다. 마치 소설에 있어서의 플롯처럼, 그의 시에는 페르소나의 이야기가 그 핵심적인 축을 이루고 있는 것이다. 그 가장 좋은 예 가운데 하나로 보이는 <외가집>을 들어 보기로 하겠다.

특별히 주석을 달지 않아도 좋을 만큼 난해한 구석이라고는 조금도 없는 매우 명확한 이미지들로 짜인 시이다. 여기서 중요한 것은 김원호의 외가집이 실제로 효제학교를 건너 연동교회를 지나 수의과대학 옆골목에 있었다는 사실의 드러냄에 있는 것이 아니다. 그것은 '비오는 밤이면 외사촌들과 여우 얘기,' 도깨비 얘기를 하고 가랑머리 딴 누이와 숨바꼭질을 하며 지내기도 했던 어린 시절의 추억이 전쟁과 세월의 침식에 의해 매몰되어 버린데 대한 안타까운 허무감의 표출에 있을 것이다. 특히 '서양 선교사집 뒤뜰에서 종이비행기를 날리며' 놀던 시절의 아름다운 과거와 '전쟁'때 불타 죽은 식구들의 소식이나 듣게 되는 일그러진 현재의 대조적 병치를 통해서 숙명으로서의 삶의 한 축도(縮圖)를 명료하게 '오려내어' 보여 주는 점은 주목할 만하다. 아마 이러한 어린 시절의 기억과 연대기적 수난사를 구체적으로 기술하자면 한 편의 긴 장편 소설을 써야 할지도 모른다. 그러나 시인은 드라마의 세부적인 진술들을 이것저것 늘어놓는 산문적 나열을 버리고 몇 개의 생생하고 충격적인 이미지를 떠올리는 것으로 그치고 있다.

이 시가 담고 있는 시간의 길이를 대충 따져 본다면, 30여 년 정도의 역사적 폭을 다루고 있는 게 아닐까 생각된다. 그런데 김원호는 고작 25행의 시구로 모든 것을 생략, 압축해 버리고 있는 것이다. 이것은 그가 개성적이고 창조적인 이미지의 힘, 사람의 마음을 감동적 울림으로 떨게 하는 육화(肉化)된 이미지의 힘에 의해 시를 만들어 가는 시인임을 증거하는 것이라 하겠다. 만약 위의 시가 <외가집>에 얽혀 있는 갖가지 사건과 기억에 대한 단편적인 사실만을 그럴싸하게 배열한 것일 뿐이라면 거기에서 우리는 아무런 포에지도 느끼지 못하게 될 것이다.

김원호는 이처럼 자신의 삶의 연대기적 이야기를 독자가 빤히 알 수 있을 정도로 시 속에 직접 반영시키기를 좋아한다. 그렇지만 그가 즐겨 다루는 이야기(discours)는, 앞에서도 언급했듯이, 시적 페르소나인 '나'와 긴밀히 연결되어 있는 사물의 깊이나 삶의 참다운 내부를 투시하려는 보편적인 주제이다. 가령 사물로서의 불을 극히 치밀하게 파헤쳐 들어가면서 사랑의 신비를 생각해보는 <불의 이야기>나 흑백논리로서 간단히 정의 내려지지 않는 인생의 어려운 문제를 취급한 <돌담을 쌓으며> 같은 작품에서 인간과 상황의 진정한 실체를 포착하려는 가장 김원호적인 특징을 발견할 수 있다.

①

나는 그의 눈을 통하여 그의 눈 속에 타고 있는 불꽃을 확인한다.
그의 불은 가끔 활화산으로 터져 나를 열띠고 아프게 한다.
그는 내 눈을 보며 나의 불꽃을 안부(安否)한다.
우리의 불꽃은 서로 다른 빛을 지니고 타오른다.
나는 그의 얼굴에서 더러 생소함을 느낀다.
갑자기 나는 불안해진다.
자유로왔던 나는 그의 불을 보므로 구속을 느낀다.
나는 그의 불을 위해 즐거이 나뭇등걸이 되고 바람이 된다.
그는 나의 가슴에 닻을 내리고 머문다.

— <불의 이야기> 일절

②

이웃 간에 다정히 지내기 위해선
울타리를 쌓지 말아야 한다는 이도 있고
울타리가 튼튼해야 말썽이 없다고
힘주어 말하는 이도 있다.
햇빛이 쏟아지는 돌담을 보면
나는 어느 쪽을 택할지 곤혹에 빠진다.

(중략)

봄이 되면 돌담은 무너지고
여름엔 홍수가 다시 휩쓸어 버리고
풀들은 무성히 자라 돌담의 자취를 가리려 한다.

— <돌담을 쌓으며> 일절

①에서는 서로 바라보는 상호적 시선의 관계를 설정하여 점차 그 대상과의 거리를 좁힘으로써 마침내 뜨거운 불꽃처럼 타오르는 사랑의 환희에 도달하게 되는 나의 인식 과정이 차근차근 표출되어 있다. 장 스타로빈스키(Jean Starovinski)가 말한 것처럼, 보려는 욕망은 다른 감각을 지배하는 욕망, 타인과 관계를 맺으려는 절실한 욕망(<L'oeil vivant>, p.13)으로 나타나 있는 것이다. '나'와 '그'의 참다운 자아를 표상하는 불은 따라서 '바라본다'는 행위의 의식적 활동을 통해서 그 핵심적 실체가 드러나게 된다. 그러나 '나'와 '그'라는 두 주제가 완전히 일치한다는 것은 환상에 불과하며 거기에는 필연적인 거리가 개입되기 마련인데 그래도 나와 그는 스스로를 무화(無化)시키며("나는 그의 불을 위해 즐거이 나뭇둥걸이 되고 바람이 된다 / 그는 나의 가슴에 닻을 내리고 머문다"), 마치 두 개의 원소가 하나로 합치하여 불꽃을 이루는 것 같은 행복한 생성에까지 다다른다. 파탄과 절망의 단절 상태가 아니라 주체와 대상이 아름다운 균형을 이루는 융화 상태를 실현하는 것이다. 여기에서 우리는 김원호의 생에 대한 태도와 대상에

대한 태도 속에 관통하는 긍정적 세계 인식의 관점을 엿볼 수 있다.

②에서는 우선 울타리에 대한 일반 사람들의 상식적 견해를 말한 다음, 그러한 견해들이 양면적 의미를 갖는 것으로서 나름대로 타당한 이유를 지니고 있다는 것을 시인(나)은 인정한다. 사람의 일과 행위에 대해 짧게 생각함으로써 발생할 수 있는 단정적인 독단의 위험성을 은근히 경고하고 있다. 그러나 이 시가 정작 말하려는 것은 인생살이의 어떤 국면에 대한 잠언적인 지혜의 진술에 있지 않다. 차라리 인간 사이를 차단하고 있는 돌담 쌓는 일이 보다 근원적인 차원에서 볼 때 부질없는 일이며 ("여름엔 홍수가 다시 휩쓸어 버리고 / 풀들은 무성히 자라 돌담의 자취를 가리려 한다"), 나아가 어떠한 물리적 힘이나 인위적 제약도 하늘과 햇빛의 자연적 질서(순리적 흐름)를 가로막을 수 없다는 강한 주장을 표명하고 있는 것으로 볼 수 있다.

이와 같이 김원호는 따스한 관계의 끈으로 맺어져 있는 화해의 세계, 시간의 풍화 작용에 의해서 파괴되지 않는 기억의 영원성, 인위적 수단이나 강요 속에서도 자연스런 흐름을 지속하는 비전(vision)의 공간을 즐겨 형상화한다. 그러기에 그의 시가 전쟁, 슬픔, 외로움, 불면, 실연, 좌절, 상실, 소외, 절망, 구속, 침묵, 권태, 죽음, 우울 등의 어두운 주제를 다루면서도 언제나 긍정적 밝음의 이미지로 물들여지게 되는 것인지도 모른다. 선의(善意)의 시인의 눈에는 세계의 어두운 쪽보다 밝은 쪽이 더 많이 눈에 띄기 때문일까.

대부분 젊은 시인들이 저마다 폭죽을 터뜨리거나 기발한 나팔소리로 주의를 끄는 가운데, 김원호는 시단(詩壇)의 조용한 한 모퉁이에서 '자신이 알고 있는 정다운 세계'를 거짓 없이 노래하고 있을 뿐이다. 그러나 이 소박하고 성실한 목소리, 이 선의의 시인의 나직한 목소리가 한 줄기 위안을 주고 우리들이 잃어버렸던 인간적 시간(temps humain)의 순간들을 생생하게 '다시 살게 한다'는 것을 주목해야 하리라 생각한다.

후기

드디어 네 번째 시집 ≪광화문에 내리는 눈은≫을 내게 되었다. 세 번째 시집인 ≪행복한 잠≫을 출간한 지 어느새 26년이란 세월이 흘렀다. 내가 그 동안 너무 게을렀고, 시창작의 지독한 변비에 걸려 겨우 40여 편을 주워 모았다. 시도 별로 발표하지 못하고 시인의 모자를 쓰고 지내온 것이 정말 부끄럽고 면구스러웠다.

더구나 이번 시집은 고희(古稀)를 맞아 제자들이 정성을 모아 출간하게 되었으니 나는 얼마나 행복한 놈인가. 고맙고 고마운 일이다. 오직 하나님께 감사할 뿐이다.

시집의 작품 배열은 거의 창작 순서를 따랐다. 다만 제2부는 역사와 현실, 그리고 신앙에 대한 나의 관심을 중심으로 편집한 것이다. 그리고 내 시세계(詩世界)에 대한 이해를 돕기 위하여

이번 시집 이전에 출간한 세 권의 작품에 대한 평론가들의 글들을 덧붙였다.

지금까지의 게으름을 떨쳐 버리고 앞으로 열심히 쓰도록 노력하겠다.

2010년 가을에 金源浩

▌광화문에 내리는 눈은

이무기 (1984. 6. 22.)

권진규(權鎭圭)의 닭 (1984. 6. 26.)

성(城) (1985. 1. 22.)

집 (1985. 1. 25.)

별 (1985. 2. 2.)

불 (1985. 2. 8.)

바람 (1985. 2. 25.)

독수리 (1985. 3. 24.)

한강의 돌 (1985. 5. 2.)

자 (1985. 5. 20.)

산 (1986. 8. 22.)

두보(杜甫)를 읽으며 (1986. 8. 31.)

사다리 오르기 (1986. 12. 2.)

문패 (1986. 12. 10.)

발자국 (1987. 3. 30.)

물 (1988. 8. 21.)

비밀의 집 (1989. 1. 10.)

풀씨 (1989. 6. 11.)

죽은 바다 (1990. 2. 7.)

칼 (1990. 12. 11.)

법(法) (1992. 12. 4.)

상평통보(常平通寶) (2001. 11. 26.)

골목길 (2006. 3. 27.)

오이도行 (2010. 1.)

빅토르 최 (2002. 1. 20.)

볼레로 (2001. 6. 3.)

살곶이 다리 (2001. 6. 2.)

모기 (2001. 11. 12.)

그 해 여름 (1994. 3. 4.)

국밥 (1986. 11. 23.)

오 대니 보이 (2003. 3. 30.)

대마도를 바라보며 (2005. 5. 16.)

감격시대 (2005. 8. 4.)

광화문에 내리는 눈은 (1986. 12. 28.)

청계천에서 (2009. 10. 25.)

화동 언덕엔 회화나무가 (2000. 8. 24.)

다시 화동 언덕에 서서 (2009. 4. 27.)

전송(餞送) (1977)

하나님을 기쁘시게 하는 길 (1984. 3. 10.)

지금은 감사할 때입니다 (1984. 11. 12.)

아우에게 (2005. 5. 30.)

어떤 슬픔 (1988. 3. 27.)

잃어버린 찬송가 (1991. 1. 9.)

돌아오라 수표교교회여 (2008. 10. 10.)